LES CONFESSIONS

D'UN BÉNÉDICTIN.

LES CONFESSIONS

D'UN BÉNÉDICTIN

OU

Les Amours

DE VICTOIRE ET FRANÇOIS,

Par un Religieux Profès de l'Ordre

Tome II.

A SAINT-DENIS.

AN II.

LES CONFESSIONS

D'UN BÉNÉDICTIN,

OU

LES AMOURS

DE

VICTOIRE ET FRANÇOIS.

En trois jours, je me rendis à Amiens ; delà j'écrivis à ma Louise de se rétablir, de vendre ses meubles, et de venir me rejoindre avec son enfant. Elle suivit mes instructions ; et, après huit jours d'attente, nous nous trouvâmes réunis.

2   A iij

Louise, malgré le rétablissement de sa santé, conservait une pâleur qui la rendait intéressante ; c'était une suite de ses couches et de ses souffrances. Nous prîmes le chemin de M . . . . . A une lieue d'Ab . . . , ma femme se trouva mal ; je la fis descendre de cheval et la posai sur l'herbe. Elle tomba dans des convulsions affreuses ; j'avais peine à la contenir. Après une demi-heure de souffrances, elle expira, sa tête penchée sur la mienne. O douloureux momens ! Je jettais des cris comme une bête féroce. Tantôt je colais ma bouche sur celle de Louise, pour recueillir ses derniers soupirs, tantôt, l'esprit égaré, je lui parlais et la suppliais de me répondre ; tantôt je courais dans les champs et j'appelais du secours ; puis je revenais près de ma femme, je lui baisais les mains, je m'attachais à son corps pour le réchauffer; tantôt je demeurais dans un état de stupeur qui m'effrayait; enfin la nuit me surprit dans cette déplorable situation. Mon pauvre enfant pleurait de faim et de froid; je lui faisais avaler ma salive : je n'avais point alors d'autres ressources.

Je fis un trou dans la terre avec mes ongles et des pierres saillantes, et je rendis les derniers devoirs à mon infortunée compagne. Je me tins pendant une heure près de la fosse, dans un silence morne; puis, en sanglottant, je couvris de terre celle qu'auparavant je couvrais de baisers: j'entourai sa modeste sépulture de branches vives que je fichai en terre. Depuis, les branches ont repris racine, et forment un petit berceau que j'entretiens avec soin, et que, tous les jours, j'arrose de mes larmes.

Après avoir rendu, à ma Louise, tous les devoirs d'un tendre époux, je pensai à sauver mon enfant. J'entrai dans cet hermitage, où un vieillard bien respectable me prodigua tous les soins imaginables. Je lui contai mes aventures, il me proposa de partager sa demeure : je l'acceptai sans balancer. Je mis mon enfant en nourrice dans le voisinage ; et après avoir pris les habits d'hermite, je m'appliquai à soulager, par tous les moyens, mon vieux compagnon d'infortune. Il était plein de sens et de raison ; il avait des connaissances en médecine qui le rendaient précieux aux habitans du voisinage ; pour prix de ses conseils désintéressés, ils ne lui laissaient manquer de rien de ce qui est nécessaire à la vie. Pour moi, je passais ma journée, entre le travail du jardinage et l'étude de la sagesse. J'allais souvent pleurer sur le tombeau de mon épouse et visiter mon enfant. Souvent je rendais des soins aux malades; et notre réputation était telle, que, de tous les côtés, on venait nous consulter.

Le prieur de l'Abbaye de Saint-R*** vint un jour nous voir avec tous ses religieux. Dans la conversation on agita différentes questions relatives à la vie solitaire, aux occupations propres à ceux qui suivent la vie cénobitique. Tout d'un coup, je vis les yeux du vieillard s'animer et, dans son joyeux enthousiasme, il tint, à peu près, le discours suivant:

« Vous êtes des hommes qui, ayant jugé que l'austérité des préceptes de l'évangile ne pouvait se concilier avec les vanités du siècle , vous êtes choisi volontairement une pieuse retraite , afin de vous affermir, par la contemplation , dans l'habitude de la sagesse et de la vertu. Vous pensez que votre principale occupation doit être la prière ; mais ne savez - vous pas qu'une prière continuelle étouffe la piété, tente les forts, abbat les faibles? La prudence veut donc qu'un solitaire emploie une partie de son tems à des études qui , en nourrissant son goût pour le recueillement, coopérent aussi par leur influence , à la réformation de ses mœurs et à l'assujettissement de ses passions. Il doit l'autre partie au travail manuel. L'état habituel de la réflexion attaque à la fois tout ce qui constitue l'homme , et use vite les ressorts du corps. C'est par le jeu de ses organes qu'il donne à ses sens, plus d'activité et de souplesse. L'exercice tempère l'acreté du sang, en le débarrasssant, par la transpiration, des humeurs peccantes et morbifiques. La gaiete naît de la bonne santé; et c'est en variant ses occupations qu'on les rend douces et agréables. L'esprit n'est pas toujours disposé à la méditation, ni le corps au travail; mais quand le travail est un amusement, il a des charmes qui remplissent les vides. Ainsi on cultive, avec délices, un parterre de fleurs. L'odeur d'une rose, d'un œillet, qu'on a plantés, arrosés soi-même, est plus suave; et il est très-vrai que le créateur a mis la satisfaction à côté du travail pour récompenser celui qui s'y livre. »

L'hermite allait continuer sa narration, lorsqu'on entendit, tout à coup, des cris, des gémissemens, vers le fond du jardin. Nous y courons tous; quel spectable ! c'était un jeune religieux arrachant ses habits, jurant aux pieds de sa maîtresse qu'il ne la quitterait plus, ou qu'il périrait à ses pieds; ce religieux, c'est Ambroise qui a reconnu, dans la compagne ce François, l'objet de son amour et la cause de son désespoir. Encore un pas, et il était engagé par de liens indissolubles. Ce jeune homme avait vu son amie s'enfoncer sous un épais berceau de charmilles, il l'avait suivie avec légèreté. Son nom prononcé par elle avec transport achève de l'éclairer. Le voici ton amant, ton Ambroise, ton époux que ton amour appèle; aucune puissance ne saurait m'arracher de tes bras. Je suis à moi, je suis à toi. — Ah ! Ambroise ! s'é-

(criait

criait Marie-Anne : quoi, est-il possible ? est-ce bien toi que je presse contre mon cœur ? Hélas ! depuis six mois je gémis de ton absence, et alors que je ne mérite plus de t'appartenir, je te retrouve. — Que dis-tu ? Tu me donnes la mort. Oui, vivre avec toi, ou mourir sur la place, voilà mon serment. Marie-Anne se refuse à mon empressement, à mes caresses ! . . . . Malheureux que je suis ! un autre a séduit le cœur de mon amante ; je suis trahi. — Non, Ambroise, non, ame de ma vie, j'en jure par le ciel ; tu es l'unique et constant objet de mes soupirs et de mes larmes ; c'est toi que je vois dans mes songes, et que je cherche à mon réveil ; sans toi, l'existence m'est odieuse, insupportable ; mais . . . . . . — Achève, barbare ; ta main s'est livrée à un autre, et tu m'as conservé une pitié stérile, pour prix du tourment que me fit souffrir ton absence. J'ai trop longtems vécu pour la douleur ; que ma mort y mette enfin le dernier terme. Se jettant avec fureur sur un fer pointu qu'il trouve sous sa main, il veut s'en percer le sein.

Cette scène se passait au milieu des religieux accourus aux cris qui s'étaient fait entendre, sans que les deux acteurs uniquement occupés d'eux-mêmes s'apperçussent des témoins qui les environnaient. On se saisit de l'instrument meurtrier, on reconduit le jeune homme à l'abbaye où l'on ne parvient à calmer ses transports frénétiques qu'en lui promettant de lui rendre sa bien aimée. Cette jeune fille plongée dans un long évanouissement reste confiée aux soins du vénérable hermite, cet ami du malheur si indulgent pour les faiblesses humaines.

François n'avait pu voir sans la plus grande émotion, ce qui venait de se passer devant ses yeux. Mécontent de soi-même, craignant de s'attirer quelque disgrace de la part du bouillant Ambroise, resolu d'épargner à sa maîtresse d'odieux ressouvenirs, il annonce au vertueux solitaire qu'il va le quitter. Le vieillard s'y oppose en vain ; la force du destin entraîne son jeune ami vers la Capitale. Après s'être étroitement serrés dans les bras l'un de l'autre et avoir promis de visiter un jour l'asyle où il avait trouvé un hôte si compatissant à ses peines, François partit. Quant à l'aimable et désolée Marie-Anne, il s'abstint de lui faire ses adieux par délicatesse, et n'en versa que plus de larmes sur son malheureux sort.

Pendant la route, il eut le loisir de réfléchir péniblement aux événemens compliqués qui avaient entravé son début dans la carrière du monde. Fermement décidé à se conformer aux vues de sa mère, il se présente, à son arrivée à Paris, chez le procureur à qui on l'avait recommandé. Le personnage lit rapidement l'épitre, fait signe au nouveau clerc, le conduit sans mot dire, dans un cabinet en boyau, surnommé étude, où étaient occupés à grossoyer, signifier comparutions, ordonnances, avenirs etc., à salir du papier, cinq grivois bien disposés à s'amuser aux dépens du nouveau débarqué. Un dossier est jetté sur la table, l'escabelle est là. A l'œuvre, lui dit brusquement maître Grappin en lui montrant l'un et l'autre, et il sort. Les propos caustiques, malins, les questions niaises, les espiègleries écolières se relancent de l'un à l'autre, excitent les éclats de rire de la chambrée. Madame Grappin elle-même, sous prétexte de parler au maître clerc, mais réellement pour toiser son homme, vient mêler s s plaisanteries à celles de ces pétulans frélons. On voulait tâter l'esprit, l'humeur de François ; et François, les yeux fixés sur ses paperasses, paraissait ne rien entendre à tous leurs sarcasmes.

Cette opiniâtre taciturnité n'était guères propre à donner une haute opinion de sa sensibilité et de son intelligence. Aussi Madame lui lance-t-elle un regard de pitié en lui faisant la moue, haussant les épaules, et s'en va. C'était une brune d'une trentaine d'années ; taille courte et rondelette, une carnation animée, une gorge volumineuse, des yeux lascifs et mutins, le geste vif, la parole intarissable, formaient le contraste le plus comique avec les yeux ternes, la corpulence sèche et élancée, les jambes longues et grêles, le ton flegmatique de son mari. Recevait-t-il dans son étude, quelque nouvel auxiliaire, madame Grappin les accueillait d'abord, surtout ceux qui lui arrivaient directement de province, avec la plus séduisante minauderie, les entraînait dans ses bras, enflammait leurs sens par ses brûlantes caresses, usait, jusqu'à épuisement radical, leurs forces physiques, puis les laissait dédaigneusement confondus sur la dure escabelle, jusqu'à ce qu'un motif imaginé par l'adroite moitié, déterminât son complaisant époux à renvoyer un de ses dupes, afin de lui substituer quelque nouvel athlète capable d'aiguillonner ses appétits libidineux. François, à en juger par la tournure de sa personne, promettait une puissante vigueur dans la lutte amoureuse; l'insatiable eût donné toute l'étude pour ce friant morceau, mais quel flegme! quel abord insouciant et glacial! en fallait-il davantage pour la piquer vivement?

Les dehors en avaient imposé à la dame et à ses clercs, car François avait une ame de feu dans un corps de même trempe. Ses folâtres compagnons enhardis par son silence le harcèlent, le vexent impitoyablement. Tout allait bien pour eux jusqu'alors; mais se levant avec l'explosion d'un volcan, vous êtes tous, leur crie l'impétueux Picard, des foux et des fanfarons. J'ai eu la patience d'entendre vos sotises sans

y riposter; je vous saignerai à la langue, si vous osez encore la remuer sur
mon compte. A ce ton impératif, le
maître clerc furieux menace François
de le jetter dehors; la querelle s'é-
chauffe, les tabourets étaient levés,
lorsque la cloche qui annonce l'aloyau
se fait entendre et désarme les dissi-
dens. Au dessert, François comme les
autres allait reprendre la plume, madame Grappin l'engage à rester, et lui
verse forces rasades d'un excellent vin.

Le jus mousseux du Champagne et
l'essence huileuse du Moka pétillent
dans les veines du favori éphémère ;
la fécondité, le coloris brillant de son
génie, l'expression de ses regards en-
chantent, électrisent la luxurieuse
Azoline, nom de délices qu'aimait à
lui donner mons Grappin, lorsqu'il
ressuscitait à la puissance maritale.

Votre indifférence aux agaceries de ces écervelés, m'a paru bien étrange, et m'avait, je vous l'avoue, injustement prévenu contre vous... — Parbleu, madame, vous me rappelez que j'ai avec eux une affaire à vider. Pardon, si je quitte votre aimable compagnie; et il s'échappe comme un éclair. Mon dieu! dit Azoline en soupirant, que de salpêtre dans cette tête!

Messieurs, dit François en entrant dans l'étude, je viens vous sommer de me donner une satisfaction quelconque de vos insultes. — Une satisfaction! Diable! voilà du sérieux. — Vous me la devez, je l'exige. A demain 8 heures du matin, dans l'avenue de Chaillot, ou je vous... Nous refusons, s'écrient-ils; ton nom n'est pas immatriculé en cour de la Bazoche; ce serait nous dégrader que de nous

mesurer avec un quidam. — Poltrons!
voilà ma matricule, leur crie François
en leur appliquant la longueur de son
gourdin sur le dos. Et voilà les encriers,
les escabelles qui volent à la tête de
l'assiégeant; on s'assomme, on s'as-
sassine, c'est un vacarme affreux. Maître Grappin accourt, sa femme arrive,
se jette au milieu des combattans, les
sépare. Quelqu'un annonce la Garde;
François se glisse vers l'escalier, y
rencontre l'escouade. On ne sort pas,
lui crie le caporal. — Hé, messieurs,
je vous cherche. — A la bonne heure:
qu'y a-t-il? — Cocus et complices. —
Bah! Et François s'esquive.

Cette aventure redoubla son aver-
sion pour la robe. Dès lors, il ne songea plus qu'à prendre parti dans le
militaire. C'était ce que lui avait con-
seillé une de ses cousines, fille d'es-

prit, chapeline chérie de l'abbesse de Sainte - Austreberthe. Cette dame, malgré l'orgueil de la naissance, avait un fonds de caractère naturellement bon et tendre que la contrainte de sa place modifia ensuite. A la prière de son intéressante chapeline, madame l'abbesse envoie au jeune homme une très-pressante lettre de recommandation auprès de son proche parent, monsieur de Maucroix, officier supérieur dans les Gendarmes (1). Admis par sa protection, dans ce beau corps, il en fut réformé deux ans après y être entré, par une fantaisie ridicule. Deux ou trois affaires d'honneur d'où il s'était tiré avec avantage, le firent passer pour

____

(1) Les Gendarmes passaient leur quartier à Versailles comme les Gardes du corps.

un batailleur, et le marquis de Cas-
treis, alors ministre de la guerre,
qui n'aimait pas ces sortes de gens,
ordonna de le renvoyer.

« J'aimais, écrivit-il aussitôt à sa Victoire, l'état militaire plus analogue que
tout autre à mes goûts dominans ; mais
puisque le caprice m'en éloigne, je
vais reprendre la route du pays natal,
et y employer les ressources des talens
utiles et agréables que j'ai acquis, à
m'y procurer une paisible existence,
au sein de l'amour et l'amitié. » Projets d'un jour, que devaient traverser
des obstacles longs et multipliés.

Empressé de voir, de presser cette
tendre amie sur son cœur, il vole dans
sa patrie sur les ailes de l'amour ; il y
apprend son départ pour la Hollande.
Victoire née française, issue de père
et mère étrangers vexés par la fortune

ne avait suivi celle d'une tante âgée qui avait choisi Mont... pour retraite. Elle y avait terminé sa carrière depuis un mois, et n'avait laissé à sa nièce, pour tout héritage, qu'un très-modeste mobilier. Sans ressources dans cette ville, elle s'était rendue à Amsterdam où un négociant Français réfugié lui avait confié la surveillance de son comptoir, à la recommandation du banquier chargé de payer la pension viagère de la défunte. La seule consolation que François obtint, des informations qu'il prit sur ses habitudes, c'est que Victoire lui avait conservé une fidélité inviolable, et qu'étant le premier qui avait trouvé le chemin de son cœur, il serait aussi le seul à qui elle en permettrait la possession.

Cette nouvelle lui faisait regretter d'avoir sacrifié au plaisir de revoir son amie, le charmant séjour de la Capitale où il avait respiré l'encens des acclamations publiques, comme artiste et comme littérateur. Devait-il passer en Hollande pour satisfaire le besoin de son cœur, ou bien attendre qu'elle s'expliquât à cet égard ? Son esprit flottait dans cette irrésolution, lorsqu'on vit paraître à M... une étrangère d'une taille majestueuse, d'une figure touchante et romanesque : Elle venait de Londres où elle avait passé plusieurs années. Cette belle personne n'avait qu'une teinture très-légère de la langue française ; elle desirait avoir un maître, on lui dit que François l'écrivait très-bien, la parlait de même, et que lui seul pouvait remplir ses vues.

L'affaire fut bientôt arrangée avec un égal contentement de part et d'autre.

Sa vue , disait François , longtems après avoir rompu toute liaison avec cette séduisante créature , m'inspira une passion violente dont je ne tardai pas à lui faire l'aveu. Elle fit quelques résistances, mais bientôt sensible à mes soins, à mes assiduités persévérantes, elle couronna ma tendresse des plus douces faveurs de l'amour, et me proposa de la suivre en Angleterre. Je n'hésitai pas. Après dix-huit mois passés dans ces contrées au milieu des plaisirs et des fêtes, je revins en France, en proie aux plus douloureuses souffrances et au repentir le plus amer. Ne pouvant me pardonner mon erreur, j'en commis une autre en me faisant soldat pour m'en punir.

Après avoir passé les premières années de ma jeunesse à parcourir les différens cercles des états de la société ;

après m'être arrêté à tous les points du thermomètre de la fortune; après un tissu d'aventures bizarres et merveilleuses; las d'une existence si versatile, je pris la résolution d'aller à Paris cacher mes chagrins, et de m'y fixer. Au moyen de mes anciennes connaissances, je sollicitai et obtins une place de secrétaire à l'intendance de cette ville. Berth... en était alors le chef. Il accueillit ma requête, et je fis mon entrée dans les bureaux.

L'étude des mathématiques m'avait familiarisé avec le calcul; je fus chargé d'une partie de la comptabilité. L'Intendant Berth... paraissait charmé de mon intelligence et de mon exactitude, mais on vint lui rapporter que dans mes heures de loisir, je m'occupais de littérature, que j'avais même osé faire imprimer sous mon nom, quelques bagatelles assez piquantes ; un vil folliculaire , pour faire briller son esprit satyrique, ajouta même que j'étais entiché de ce que l'on appelait alors philosophie moderne : dès cet instant, je lui devins odieux.

Berth... était dur, hautain, avare, impérieux, faux, persécuteur, libertin, rampant et ingrat. Ami du despotisme, il l'exerçait pleinement sur tout ce qui l'environnait. Il n'ignorait pas que, si la philosophie est amie de l'autorité , elle est aussi le plus grand fléau de l'autorité arbitraire : c'est pour cette raison qu'il détestait les philosophes et les gens de lettres. Il craignait les lumières , et comme Néron, il en aurait volontiers proscrit tous les propagateurs. Son génie , entièrement tourné vers la fiscalité , repoussait tout ce qui ne concourait pas à grossir son revenu qui, modique dans ses commencemens, devint considérable au bout de quelques années.

L'abbé Ter..., Nek... étaient ses héros; mais le nom de Turgot ne sortait jamais de sa bouche qu'accompagné d'épithètes méprisantes. Quoiqu'issu d'un mince greffier d'Avalon, son ambition était d'allier ses enfans à de grandes maisons; il ne pouvait faire oublier sa roture qu'en éblouissant par l'attrait de dots considérables. En conséquence, extorsions, friponneries, vénalité des places, extension de subsides, prêts à usure, corruption, emploi simulé de fonds, traités frauduleux, escroqueries; il ne laissa échapper aucune occasion de s'enrichir.

C'est de cette manière que Berth... acquit la terre de Sainte-Geneviève. Le prince Nassau, pressé par ses créanciers, lui vendit cette terre à un tiers moins de sa valeur, à condition qu'il les paierait comptant. Le prix de la vente égalait les sommes dues. Berth... fit assembler les créanciers, et leur offrit la moitié de leurs prétentions, en lui délivrant quittance finale; qu'autrement il renoncerait à cette terre que la justice dévorerait. On aquiesca à cette proposition, crainte de tout perdre, et ce beau domaine lui appartint à un sixième de sa valeur.

C'est avec le même esprit de rapine qu'il passa contrat avec des banquiers rue Meslée, chargés des dépenses des dépôts de mendicité à un tiers au-dessous de la somme allouée par le gouvernement. Outre ce tiers qui tombait dans les coffres de Berth..., il perçut encore un pot de vin. Ces banquiers faisaient ensuite de sous-baux, moyennant un bénéfice. Ainsi les journées du dépôt payées vingt-un s. par l'état, passés à la filière de l'intendant , des entrepreneurs, des directeurs, sous-directeurs, contrôleurs, receveurs, économes et concierges, s'amoindrissaient tellement qu'à peine restait-il cinq sous au renfermé. On faisait travailler les mendians valides ou à la polissure des glaces , ou à la filature du coton. On ne payait à l'ouvrier que trois sous , Berth . . . retenait le reste. L'inhumain ! il nourrissait son luxe de la sueur et des larmes des malheureux. Ses moindres valets , les concierges de ses châteaux , les receveurs de ses terres, les maîtres de ses enfans étaient inscrits sur le bordereau des commis et par conséquent payés par l'état.

Vous frémiriez , si je vous détaillais toutes les horreurs dont je fus témoin, pendant que je demeurai à l'intendance. Je quittai ce repaire de voleurs. Les amis que j'y avais laissés, et qui étaient indignés non moins que moi, de toutes les dilapidations de cet indigne magistrat, m'en instruisaient. J'eus occasion de les rendre publiques par la voie du journal des Deux Ponts dont j'étais le rédacteur. Sous le manteau de cette feuille que n'atteignait point la censure, je mis tous les coquins en évidence, publicité qui dép ut aux ministres et leurs entours, et donna lieu à l'anecdote suivante.

On avait répandu le bruit que Saint-Germain, ministre de la guerre, voulait réhabiliter les Jésuites et leur confier la direction des écoles militaires. Indigné qu'on osât penser à la résurrection de ces ardens amis du despotisme, j'osai les dévoiler et indiquer les Bénédictins de S.-Maur dont je prônai, avec justice, la probité, le patriotisme et les véritables lumières. L'orgeuil ministériel s'offensa de mes sorties contre cet imbécille projet ; une lettre de cachet vint suspendre mon zèle polémique ; je fus embastillé.

Peu de tems après, je fus élargi aussi lestement que j'avais été enfermé. J'errais machinalement le long du boulevard Saint-Antoine , absorbé dans mille réflexions , lorsque je me sens arréter par le bras. Je ne me trompe point, s'écrie l'homme, vous êtes François, c'est vous que je cherche. — Je me nomme ainsi ; que demandez-vous , d'où me connaissez-vous ? je ne me rappelle pas vous avoir vu ; qui êtes-vous ? — Je me livrais, comme vous, au tourbillon de mes pensées , lorsque vous-méme m'arrachâtes à mes réveries en prononçant votre nom : le mien est Ambroise. — Ambroise! et votre maîtresse s'appelait... — Marie-Anne. — Nous voici à ma porte; venez chez moi, nous serons plus commodément. L'hymen a sans doute couronné vos feux en vous unissant à cette aimable fille... vous pâlissez! vos yeux s'inondent de larmes! ne me cachez rien de vos chagrins, je vous confierai les miens. Et pour donner à sa vive émotion le tems de se calmer, je me mis à lui raconter les traverses que j'avais essuyées depuis que j'avais laissé Marie-Anne chez l'hermite, jusqu'à mon élargissement de la Bastille. — Vous sortez de cette prison! j'y fus aussi détenu pendant dix-huit mois; il n'y en a pas un qu'on m'en a ouvert les portes. mais avant de vous apprendre ce qui a donné lieu à ma captivité, parlons de Marie-Anne. L'infortunée n'est plus: la même tombe renferme la cendre de mon amante, et celle de Louise. Vous soupirez! vous ne pourrez refuser des pleurs au triste récit que j'ai à vous faire.

On n'avait pu m'arracher des bras de mon amie qu'en me promettant de nous réunir ensemble. Ce n'était qu'un piège pour me maîtriser et me resserrer plus étroitement. Outré de la perfidie, je ne songeai plus qu'à m'y soustraire et à m'en venger. L'élévation des murs qui fermaient l'abbaye de toutes parts ne me laissait aucun espoir de les escalader; je ne voyais de moyen d'échapper à la surveillance du prieur qu'à la faveur d'un grand désordre, je mis le feu dans la nuit à une meule de paille que je savais être dans la première cour. Tandis qu'on ouvre les portes pour appeler du secours, je pro-
fite

site de la confusion et m'enfuis à l'hermitage. Je frappe, on m'ouvre : qui
vous amène ici, jeune homme, à cette
heure, me dit gravement le solitaire?
— L'amour, mon père. Ah ! je vous
en conjure, souffrez que je voie mon
amante, un moment; que je pénètre
enfin le motif de sa conduite mysté-
rieuse à mon égard, puis je parts, si
vous l'exigez, je disparais à jamais de
ses yeux et des votres. Vous rejetez ma
priere! vous le protecteur des cœurs
sensibles et malheureux , vous que la
renommée cite comme le modèle des
amans et des époux! — Que me demandez-vous, insensé ? voulez-vous hâter
la ruine de votre amie et la mienne ?
Que dirait la jalouse malveillance, si ,
ne consultant que mon indulgence pour
vos écarts, je les favorisais en dépit de
l'opinion publique? Pouvez-vous dou-

ter qu'on n'envoie sur vos traces, des gens salariés par l'inquisition mona-cale, et que leurs perquisitions ne commencent par mon humble chaumière? Mon ami, ajoute le vieillard en versant de grosses larmes, respectez l'asyle du malheur, ma réputation et celle de Marie-Anne; confiez à mon expérience le soin de votre bonheur futur; je vous réponds d'y mettre le comble. — Que me prescrivez-vous?..

— La fuite. Je serai l'intermédiaire de votre correspondance avec votre amie; mais au nom de cette infortunée, partez, chaque minute le retard ajoute au danger qui vous menace; je tremble pour vous, pour moi, pour Marie-Anne....

Une voix se fait entendre; c'était celle de ma tendre amante. Elle s'écrie dans le délire d'un songe trompeur:

Oui, mon Ambroise, énivrons-nous de délicieux baisers , comme le jour où tu déchiras le voile qui me dérobait mon sexe. C'est pour toi, cher amant, que ce sein palpite; c'est toi que mon cœur aspire, toi que je brûle de serrer sans cesse dans mes bras ... Parjure ! que dis-tu ? funeste erreur ! tu fais mon tourment... Dangereux François ! vous empoisonnez le reste de ma carrière. Fuyez... mais comment me fuir moi-même ?.. Ambroise, cher Ambroise...

— Me voici, s'écrie-t-il en s'arrachant des mains du faible hermite. Quels que soient tes écarts, je te les pardonne, je n'écoute que l'ardeur de mon amour. Mais, amante adorée, qu'attens-tu de ton Ambroise ; ouvre tes beaux yeux , c'est lui qui te conjure de bannir de fâcheuses images...

Elle jette sur Ambroise un regard pétrant ; soudain ses joues s'appalisent, un mouvement convulsif agite ses lèvres, elle veut parler, et ne peut articuler un seul mot. Je l'appelle des noms les plus doux, je couvre de baisers sa main glacée ; peu à peu, la circulation du sang se rétablit et le jeu des organes ; elle repose sur moi des yeux où se dépeignent le trouble et les tourmens de son ame, et m'adresse ces paroles, les dernières que j'aie recueillies de sa bouche : Vous méritiez la possession d'une amie plus favorisée des dons de la nature et de la fortune, mais nulle autre au monde ne saurait vous accorder sur son cœur, un empire plus absolu. Jamais un autre homme n'a fait sur mon ame, la même impression ; vous absorbiez seul toute ma tendresse ; ma douleur de notre séparation m'eût conduit au tom-

beau ; je terminais tous mes maux par
un coup de désespoir, si le hazard ne
m'eût fait rencontrer un jeune homme
à qui je dois, tout à la fois, le bonheur de vous avoir retrouvé, et le
malheur de vous perdre... Ne m'inter-
rompez pas ; que sais-je, hélas ! si jamais il me sera encore permis de vous
confesser ma faiblesse ? Ses larmes la
forcent de s'arrêter un moment. Elle
allait reprendre, lorsqu'on entend
heurter rudement à la porte de la cellule. L'hermite y court en me lançant
un regard de pitié. Ouvrez, lui crie-t-
on vivement. Je reconnus la voix du
prieur de S.-R..., je frissonai, puis
jurai de l'immoler à mon ressentiment.
Un soupir douloureux rappelle mon
attention sur Marie-Anne ; elle paraissait prête à rendre le dernier soupir.

Cependant le moine insistait pour se

faire ouvrir, me traitant d'impie, d'incendiaire, et mêlant à ses invectives, des reproches et des menaces si durs envers le solitaire, que je m'arrache de la couchette de ma mourante amie pour châtier ce prêtre insolent et inhumain. Imprudent, me dit le vieillard, qu'allez-vous faire? voulez-vous retomber entre les mains de ce despote? Il s'est fait accompagner, pour se saisir de vous et vous traduire peut-être devant un tribunal; qui sait jusqu'où peut aller sa vengeance? Ce prie-dieu masque l'entrée d'un souterrain qui communique au bois; fuyez, ou vous êtes perdu, car il faut leur ouvrir ou laisser enfoncer la porte. On menace en effet d'en venir à cette extrémité, on le tente même; je me précipite sur le visage décoloré de mon amante, j'y imprime un baiser, et je m'élance dans le souterrain.

Je ne le quittai point de tout le jour, résolu de la revoir, pour apprendre des nouvelles de sa situation. L'hermite s'en était douté ; il vint m'annoncer qu'à l'évanouissement de Marie-Anne, avait succédé un délire complet à travers lequel il avait cru démêler qu'elle portait dans son sein , le fruit d'une imprudence;qu'au milieu de ses divagations, ses joues se couvraient d'une confusion extraordinaire, lorsque le nom de François arrivait sur ses lèvres, et qu'elle avait succombé à la plus douloureuse agonie en prononçant celui de son cher Ambroise.

A ces mots, j'arrache mes cheveux, je mets mes habits en lambeaux, et me roule par terre en fesant retentir le souterrain de mes cris lamentables. Je refusai d'entendre aucun motif de consolation,de prendre aucune nourriture.

Ma situation devenait très embarras-
sante pour l'hermite, il travailla à
m'en délivrer.

Le corps de celle dont la perte
m'était insupportable, était réuni depuis trois jours aux cendres de Louise,
et je le l'ignorais. Errant à mon ordinaire dans le souterrain spacieux, je
fus ébloui tout à coup par une vive
lumière dans le lointain : j'approche,
je crois reconnaître Marie-Anne au
milieu d'une espéce de niche illuminée
de toutes parts. Une auréole couron-
nait sa tête, elle avait l'attitude et les
charmes qu'on prête aux esprits bien-
heureux. Une voix angéliqne se fit entendre et m'ordonna de m'arrêter,
j'obéis. — Ambroise, mon cher Ambroise, pourquoi me pleures-tu, comme
si j'étais malheureuse ? Le ciel a agréé
mon repentir ; je repose en paix dans

le sein de Dieu même. Pourquoi t'abandonner à un désespoir qu'il condamne ? Relève ton courage, séche tes larmes, bientôt nous serons réunis pour ne nous séparer jamais. Adieu, sois digne de ta Marie-Anne. »

A ce nom chéri, je me précipite vers elle lui tendant les bras et l'appelant à grands cris. Tout est disparu ; les ténèbres m'environnent et achèvent la commotion qu'on avait préparé pour secouer ma stupeur. Une heure environ après ma vision, l'hermite ayant feint me trouver par hazard, je la lui racontai ; il se la fit répéter, fortifia les motifs qu'on m'avait allégués pour opérer ma guérison, et finit par me persuader de le suivre dans sa solitude où je n'avais plus à craindre d'être recherché depuis qu'on savait la mort de mon amie. Cette secousse ayant rétabli mon organisation dans son équilibre naturel, je vis mon père deux jours après mon retour à la raison; il m'assura qu'au moyen d'une indemnité il avait calmé la fureur monacale, que je pouvais revenir sans crainte dans ma patrie; et ses instances secondées par celles du bon hermite triomphèrent de ma répugnance. Ce ne fut qu'après plus de six mois de calme, que j'appris que le phantôme du souterrain avait été concerté avec mon père pour faire sur mon imagination une forte impression. Elle fut en effet si profonde qu'en ce moment encore j'ai peine à me persuader que ce que je vis n'était qu'une illusion. Je m'arrachai enfin des bras du bon hermite, je lui promis de le visiter souvent, et chaque fois, nous allions ensemble verser des larmes sur la tombe de nos amies.

A cette époque se trouvait à Ab... le célebre Ling... Poursuivi par le Parlement qui lui eût passé ses paradoxes, mais qui ne pouvait lui pardonner ses diatribes contre les plus influens de ses membres, il s'était réfugié chez l'imprimeur de cette ville, Dev..., avorton littéraire dont le caractère *de vérité* est aussi révocable en doute que son nom paraît la signifier. C'était de là que les Annales étaient expédiées pour tous les pays. L'auteur avait besoin d'un secrétaire. Dev... me présenta, et je fus reçu, moyennant la remise d'une obligation de douze cents livres, argent à lui prêtée par mon père, et qui paya la protection qu'il m'accorda auprès de son hôte. J'étais à peine en activité qu'on nous avertît qu'on avait mis les espions à nos trousses, et qu'il était urgent de

faire nos malles et de disparaître. L...
voulait m'entraîner dans les Pays-Bas;
je refusai de m'expatrier, et j'eus tort
comme vous le verrez par l'enchaîne-
ment des funestes aventures dont je
fus le jouet.

L'inquisition dont on usait pour arrêter la circulation des Annales, ne
faisait qu'aiguillonner la curiosité publique. L'auteur avait pris la fuite;
mais sa célébrité n'en était que mieux
établie. Il s'était fait, dans la capitale, beaucoup de partisans et quelques
amis dévoués à le servir; c'est à l'un
de ceux-ci qu'il m'adressa.

Goup... m'accueillit avec tout l'intérêt qu'il eût accordé à L... lui-même.
Il était Inspecteur de la Librairie, et
n'avait aucune notion de littérature;
mais sa femme joignait, à un esprit
orné, une figure agréable : elle avait

l'ame

l'ame forte et des connaisances bien au-dessus de son sexe. Je m'attachai fortement à elle, et Goup... ne voulut plus avoir de secret pour l'ami de sa femme.

Mon cher, me dit-il un jour, je sais que la charge d'inspecteur de la librairie ne me convient pas, je n'y entends rien. Cette place vous conviendrait mieux qu'à moi ; je vous la céderais volontiers. Je suis sur le point d'obtenir, par la faveur de la princesse Lamb..., un BON de Visiteur général des postes : j'entretiens cette éminente protection par le moyen des nouveautés que je lui porte, et dont ensuite elle fait part à la R... Il faut vous joindre à moi ; j'ai déjà parlé de vous à la princesse comme de mon successeur ; la princesse a parlé de vous à la R..., et doit vous ménager

une entrevue avec sa majesté. Ce n'est
pas tout : Amel . . . . . m'a confié que
Maurep... soupçonnait, avec raison,
Sart... et le N . . . d'intriguer pour
mettre Chois... à la tête du minis-
tère. Il m'a chargé de surveiller leurs
démarches et de lui en rendre compte, afin de les faire sauter. Cette idée
de culbuter des Ministres chatouilla
pour un moment ma vanité provin-
ciale ; mais je la repoussai bientôt en
songeant qu'il est abominable de nuire
à des personnes qui ne nous ont fait
aucun mal. Je devais même quelque
reconnaissance à le N... ; il m'avait
souvent prêté son nom pour faire en-
trer à Paris, des ouvrages philosophi-
ques et surtout ceux de Lin... Je refusai donc fermement la commission de
Goup... Je lui promis seulement de
l'aider dans tout ce qui pourrait con-

courir à maintenir son crédit auprès de la R...; j'ajoutai que je consentais à me jetter dans le commerce des livres prohibés et à lui fournir tous ceux qu'elle jugerait dignes d'amuser ses loisirs; que j'étais dévoué à son service.

Goup... ne s'en tint pas là; il me procura une entrevue avec madame de Lamb... : c'était le matin; elle se trouvait dans le négligé le plus galant. Sa gorge était nue, j'en voyais librement les deux boutons et les gonflemens précipités. Une légère mousseline couvrait les autres parties de son corps; elle paraissait monter ses sens sur le diapazon de la volupté, en exécutant sur son clavecin les morceaux de musique les plus moëlleux. J'étais dans l'enchantement et le plus délicieux désordre. Elle me fit asseoir à ses côtés, assaisonna son jeu de tant

de questions badines et de regards si
vifs que je fus tenté plus de cent fois
de me jetter à ses genoux, de couvrir
de baisers la belle main qui tirait en
se jouant des sons si harmonieux, et
de porter plus loin mon imprudente
témérité. Le nom de la R... qu'elle
prononça suffit pour réprimer mon
ardeur. Elle me dit que Goup... lui
avait rendu compte de mon zèle, que
sa majesté l'avait chargée de m'en re-
mercier, et qu'elle desirait me voir.
Comment recevoir à mon âge, à vingt-
deux ans, avec une ame brûlante, un
penchant invincible aux jouissances de
l'amour, des paroles si flateuses et si
électriques ? Mes yeux étincelaient de
desirs, mon cœur palpitait d'ivresse.
Une gorge sans voile, un mélange de
douceur et de volupté, un regard pénétrant, une alliance du plus doux

abandon avec un air de réserve le plus imposant.... qui sut jamais porter plus loin l'art d'enflammer la passion ? Je passais, tour à tour, du respect au desir, du desir à l'extase... lorsque, tout à coup, j'entens ce cri : *Voilà la R...* ! Madame Lamb... partit comme un éclair, et me laissa seul dans son appartement : j'étais stupéfait.

Après un moment de repos, je me levai et me promenai de long en large. Je réfléchissais sur la situation étrange où je me trouvais, lorsque j'entendis à travers une fausse porte, de douces plaintes et de tendres gémissemens. Je regardai par le trou de la serrure, je vis distinctement deux femmes étroitement embrassées qui se prodiguaient les noms les plus familiers à l'amour. Elles étaient nues, et se couvraient sans cesse de baisers. L'une blonde et d'une blancheur éblouissante formait avec l'autre brune et supérieurement faite, un contraste ravissant. La blonde appelait le plaisir des mains, des yeux et de la bouche ; elle variait à l'infini les attitudes de la volupté, et paraissait extrêmement impatiente de jouir : la brune épuisait toutes les ressources de l'art pour répondre à l'impatience érotique de la blonde. Les doigts, la langue, le clitoris, les morsures, les pincemens ; elle employait toutes les manières, prenait toutes les positions pour éteindre la fièvre amoureuse de sa compagne.

J'étais appuyé contre la fausse porte qui était mal fermée ; elle s'ouvrit tout à coup, et je tombai près d'un lit à la Grecque où la princesse de

Lamb... et la R... prenaient leurs ébats. Je jettai un cri... Le couple tribade partit d'un éclat de rire. La R... vint à moi, m'entraîna sur le le lit et commanda à la princesse de me déshabiller ; elle le fit avec une adresse singulière. Je me trouvai nu dans les bras de deux femmes charmantes qui se disputaient la possession de l'objet que leurs caresses avaient mis en feu...

Transporté par l'ardeur de mon tempérament, je saisis la R... avec fureur, marquetai tout son corps de suçons et de baisers, et lui plongeai deux fois le poignard de l'amour. Elle était pâmée, et me regardait d'un œil mourant. *Va à la princesse*, me dit-elle, *c'est à son tour, je reviendrai à moi en vous voyant faire.*

A cet ordre suprême, la princesse,

avec une habileté surprenante et par les plus lascives caresses, me rendit ma première vigueur. En courtisanne adroite, elle suspendait, à chaque instant, le sacrifice, jusqu'à ce que la R... fût en état de le consommer.

En effet, je sentis les bras de sa majesté m'enlacer amoureusement, et la princesse introduisit, elle - même, dans l'auguste vagin, mon Priape ressuscité. Alors, par un mouvement, tantôt lent, tantôt animé, la R... mit le comble à ses desirs, et me rendit encore trois fois heureux. Revenu à moi, on me recommanda le secret sous les peines les plus rigoureuses; l'on me fit les plus brillantes promesses de fortune et l'on me congédia. J'étais énivré de mon bonheur, je ne pouvais assez me repaître de l'heureuse perspective qui s'offrait devant mes yeux.

Deux jours après, on vint me demander chez moi : c'était Sarr... Cet inspecteur me dit que, par ordre du roi, il fallait le suivre chez un commissaire: j'obéis. Rendu chez cet agent de la police, on dressa un procès-verbal de capture, et l'on me signifia une lettre close par laquelle je vis clairement que L...., seizième de son nom, pour me récompenser des plaisirs que j'avais donnés à sa femme, voulait bien se charger de me fournir le logement et la nourriture. Je fis bonne contenance, et j'acceptai, sans aucune observation, les offres obligeantes de sa majesté, dont Sarr... était l'interprête. Nous prîmes une voiture qui nous conduisit au château de la Bastille. En y arrivant, Delaun... me dépouilla de mon argent, de mon couteau et de mes boucles. Ainsi dépourvu de toutes armes offensives, le gouverneur m'instala dans mon appartement à la tour de la Liberté, et me demanda d'un ton assez pénétré, du moins en apparence, ce qui avait pu me mériter les faveurs de la cour. Je lui répondis par cet impromptu :

> Monsieur, la Bastille est pour moi
> Comme un fauteuil chez les Quarante:
> L'on m'y conduit et l'on m'y plante ;
> Mais d'honneur, je ne sais pourquoi.

Malgré le peu de tems de mon entretien avec le gouverneur, j'eus lieu de juger qu'il était assez borné. C'était un homme d'une taille médiocre, d'une figure passable, mais peu distinguée ; il avait plus d'astuce que d'esprit : il était d'ailleurs bas et rampant près des ministres et de le N...

il avait débuté par la profession militaire, sans en avoir la tournure, ni les connaissances. Tout occupé des détails d'économie domestique, de spéculations rapaces, il se laissait duper par sa femme qui voulait se donner les airs de dame de cour, et qui, dans le fonds, méprisait le bon homme, pour ne pas dire plus ... Le cuisinier de la Bastille, au contraire, beau parleur, recherché dans sa parure, tranchait de l'homme d'importance. Les profits, qu'il partageait avec Delaun..., le mettaient à même d'entretenir une jolie femme dans la rue Saint-Antoine, dont la sœur était surnuméraire aux élèves de l'Opéra.

Pendant six mois, je n'eus d'autres visites que celles de mon porte-clef, brave homme et très-obligeant. A la fin, on m'annonça M. le N...; il

m'avait fait appeler dans la chambre
du conseil. Il avait le front soucieux,
l'œil divaguant, et la mine embar-
rassée. Il me dit d'un ton moitié sévère et moitié mielleux : « Comment,
» moi qui vous aimais, qui vous ai fait
» du bien, vous allez vous joindre à
» Goup... pour me perdre ; vous
» allez révéler au public mes amours
» avec mademoiselle Herv...; vous
» nouez une intrigue avec la R...
» ponr tramer ma ruine ! J'ai saisi
» le fil de vos correspondances avec
» M. Amel... : M. de Maurep...
» est indigné ; il sait que vous ten-
» tez avec Goup... de faire rappeler
» Chois... »

J'assurai M. le N... que je connais-
sais peu mademoiselle Herv..., que
je n'avais rien écrit sur elle, que mes
liaisons avec Goup... étaient moti-
vées

vées sur l'intention qu'il avait de me céder sa charge, qu'à la vérité j'avais eu une entrevue avec la R... ; mais que je n'entretenais de commerce avec elle que pour la vente des livres dont il me facilitait l'introduction en France ; et je lui donnai ma parole que je n'avais jamais trempé dans aucune ligue contraire à ses intérêts.

Immédiatement après la visite de M. le N..., le gouverneur me permit de lire, écrire, et de me promener depuis quatre heures du soir jusqu'à six. Le sommeil et l'appétit ranimèrent mes forces et mon courage. Je me mis à travailler au mémoire qui devait me rendre à la liberté. M. le N..., à qui je le fis passer, vint me revoir peu après. Son visage rayonnait de joie. Votre mémoire, me dit-il, a fait des merveilles ; vous sortirez incessamment. En effet au bout de quelque tems, le gouverneur me déclara que j'étais libre.

Je volai chez Goup...; il était enfermé à Vincennes. Sa femme était détenue dans une autre prison. Je fus sur le champ, décliner mon nom chez madame de Lamb.... Elle fit semblant de me pas me connaître, et me pria séchement de me retirer. Frappé comme d'un coup de foudre de cette étrange réception, je résolus de me soustraire aux caprices des grands ; j'ai obtenu une place dans les Aides par l'entremise de M. Sixs... directeur général à Abbev...; le poste que je vais remplir ne doit vaquer que le mois prochain : en attendant ce délai, je m'occupe à rassembler mes fonds et à vendre les articles qui me me restent. Mes honnêtes confrères ne manquent point de profiter de ma détresse pour m'acheter à vil prix, mes débiteurs pour m'extorquer le plus possible, et mes créanciers pour me mettre le poing sur la gorge. Je pensais à ces persécutions, au malheur qui me poursuit de place en place. Sur le point de rejoindre mon pays, de revoir le vertueux solitaire de Saint-R..., je récapitulais mes idées sur vous, sur l'infortunée Marie-Anne, je cherchais à deviner quel genre de rapport vous aviez pu avoir ensemble, et pourquoi cette fille si bonne, si douce ne pouvait entendre votre nom sans éprouver une émotion extraordinaire. Vous voilà, vous êtes un galant homme, parlez expliquez-moi cette énigme qui me tourmente.

Qu'il vous suffise de savoir, lui répond François, que, loin d'avoir cherché à déplaire à votre amie, je me serais immolé pour assurer son bonheur et le votre. Mais laissons les morts reposer en paix dans le silence du tombeau. Pour nous malheureux nautoniers balottés par la tempête sur cette mer orageuse, échappons au naufrage qui nous menace, en redoublant de prudence dans notre manœuvre. La fortune, qui ne vous a élévé que pour vous rendre ses revers plus amers, ne m'a pas mieux traité que vous. Vous avez entendu une partie de mes disgraces ; il me reste à vous en confesser d'autres que je me suis attiré moi-même.

Vous ne connaissez pas ma Victoire : A la candeur, à la modeste simplicité, elle réunit les attraits les plus touchans et la vertu la plus intacte. Un moment j'ai pu me laisser emporter à une passion insensée, et m'expatrier pour suivre une perfide étrangére. Je suis cruellement puni de ma légèreté. La médisance, qui ne vit que du mal qu'elle propage, s'est empressée de me dénoncer à Victoire ; et non contente de révéler des écarts produits par la fermentation de la première jeunesse, on a porté la noirceur jusqu'à me dépeindre à ses yeux comme un homme livré aux vices les plus avilissans et aux débauches les plus honteuses. Vous en verrez la preuve, à ce qu'il me semble, dans la lettre d'un voyageur de mes amis actuellement en Hollande. Je l'avais prié de voir ma maîtresse, de lui remettre une lettre de ma part et de m'écrire sur ses sentimens à mon égard tout ce qu'il apprendrait devoir alarmer ou rassurer mon amour. Voici ce qu'il me mande : lisez vous-même ;

F iij

et vous conviendrez que Victoire a pleinement usé du droit de represailles.

« Il s'en faut de beaucoup, mon
» cher ami, que les informations que
» j'ai prises sur votre amie, soient
» aussi satisfaisantes que je l'eusse de-
» siré. Il paraît qu'elle n'a pas cessé
» d'entretetenir une correspondance
» active avec quelqu'un de Mon...,
» que décidée tout à coup par des nou-
» velles extrêmement désagréables
» qu'elle avait reçues de France, elle
» a quitté la maison de commerce où
» elle est très-regrettée, et qu'elle a
» résisté aux avantages considérables
» qu'on lui a offerts pour l'engager
» à rester en place. Sa santé dont elle a
» allégué le dépérissement, lui a servi
» de prétexte plausible pour écarter
» toutes les représentations. Elle a

» déclaré qu'elle quittait le territoire
» hollandois, et qu'elle allait *fixer*
» *son sort* dans un autre climat. Une
» des filles de la maison, qu'on me dit
» être son amie, ajouta qu'elle l'avait
» vue répandre beaucoup de larmes,
» et qu'elle ne doutait nullement que
» la source de ses chagrins était une
» inclination amoureuse. Je ne pus
» obtenir d'autres renseignemens, mal-
» gré mon zèle pour te servir. Adieu,
» mon ami, la patience et la longueur
» de tems sont le remède à tout. »

Je suis convaincu, d'après ceci,
que Victoire a été informée de ma
liaison momentanée avec la belle Anglaise, et que la calomnie aura prêté
à cette aventure les couleurs les plus
odieuses. M'en justifier, serait, sans
doute, un trait d'impudence : mais

quelque fondées que paraissent être
les désagrémens que mes inconsé-
quences m'attirent, je vous proteste
que jamais nulle autre que Victoire n'a
acquis sur mon cœur un empire du-
rable, et qu'il faut attribuer moins à
mon inconstance naturelle qu'à l'im-
pétuosité des besoins physiques, mes
excursions voluptueuses. Mais cette
manière d'être frivole et versatile ré-
pugne à mes principes et à mon caractère que l'expérience a mûris. J'abjure désormais mes erreurs ; et jaloux
de les réparer, Victoire sera le modèle que je veux suivre. D'après la connaissance parfaite que j'ai acquis de
son caractère ferme et invariable, je
ne doute pas qu'elle n'ait renoncé à
l'amour et à sa liberté ; j'ai pris la
même résolution. Je vais, comme elle,
me sequestrer du monde et me livrer

dans une agréable solitude, à l'étude des sciences. Mais ne croyez pas qu'en me jettant dans un cloître, j'y sois déterminé par aucun de ces sentimens que le vulgaire superstitieux appèle coup de la grace, retour à dieu... Non, ni cette puérilité, ni le délire d'un dépit amoureux n'ont aucune part à ma décision. Dans ma manière de juger des choses par leurs résultats ordinaires, je ne vois aucune différence entre un Moine et un autre homme. L'un et l'autre occupent dans la société une place plus ou moins riante : celle d'un moine me paraît la plus fortunée de toutes.

En effet, qu'importe que ce soit la pieuse bonhomie de nos pères ou tout autre motif qui les ait porté à fonder les monastères ? n'est-il pas vrai que nulle autre profession ne réunit autant d'avantages ? Qu'est-ce qui fait le bonheur de la vie ? N'est-ce pas d'être délivré de tous soucis pour ses besoins personnels, du fastidieux cortége des tracas domestiques, de voir toujours une table chargée de vins délicieux et de mêts exquis, de goûter un sommeil tranquille, de jouir des charmes de la promenade et des amusemens que l'on rencontre dans la bonne société ? Tout cela peut-il être comparé au faible prix que l'on a mis pour en accorder la jouissance ; et les moines ont-ils bonne grace de se plaindre de la règle qui les astreint à aller, deux fois par jour au chœur, estropier quelques mots latins, et à l'abstinence d'alimens trop succulens qui finiraient par ne plus aiguillonner leur appétit, sans cette prévoyante variété ? Je sais tout ce que l'on dit des divisions intestines qui fermentent sans cesse dans les communautés religieuses; mais qui pourrait imaginer sur la terre une position qui n'ait ses épines ? Tout bien considéré, je conclus qu'on en rencontre moins dans l'état monastique, je l'embrasse. Ambroise allait lui alléguer des objections; François ajoute : Je devine ce que vous allez me dire ; votre expérience ne saurait rien changer à ma résolution. Semblable à un homme longtems le jouet des tempêtes, je soupire après un port où je puisse couler doucement la vie. Vous reverrez le vertueux solitaire de S. -R***; portez-lui l'assurance qu'il occupe dans mon cœur une place distinguée. En vous quittant, je vais mettre ordre à mes affaires, et me présenter à l'abbaye de Saint-Faron en qualité de novice. S'étant séparés après cet entretien, François ne songea plus qu'à exécuter son dessein.

Dom Lavie, alors prieur de cette maison, ne balança point à ranger au nombre des siens, celui qui, quelque tems auparavant, avait osé rendre à l'ordre des Bénédictins, le témoignage le plus honorable, et braver le ressentiment d'un ministre hautain. François fut donc admis au noviciat avec une distinction particulière. Tout entier à l'étude, il vivait tranquille et heureux dans sa retraite, lorsque la vue de mademoiselle de Senanges, nièce de l'abbé de ce nom, réveilla dans son cœur des desirs qu'il y croyait éteints: Elle avait coutume de se promener dans le clos de l'abbaye, lorsque les novices en étaient retirés. Un jour que François s'était endormi, il passa l'heure qui le rappelait à sa cellule, et

demeura

meura seule dans le bois. En s'éveil-
lant, il entendit une voix charmante
dont les accens mélodieux le replon-
gèrent dans l'ivresse de souvenirs enchanteurs. Elle chantait cette Ro-
mance que les années n'ont pu effacer
sa mémoire.

> L'eau qui caresse ce rivage,
> La rose qui s'ouvre au Zéphir,
> Le vent qui rit dans ce feuillage,
> Tout dit qu'aimer est un plaisir.
> De deux amans l'égale flamme
> Doublement sait les rendre heureux,
> Les indifférens n'ont qu'une ame ;
> Mais lorsqu'on aime on en a deux.

Après un moment de silence, je
chantai les couplets suivans sans être
vu de mademoiselle de Soulanges.

> Ah ! pourquoi nourrir l'espérance
> De ces tendres illusions ?

2.   G

Dans un séjour de péniteuce,
Pourquoi flatter les passions ?
Sous la haire et sous le cilice,
L'amour est un tourment cruel ;
Ses souvenirs sont un supplice,
Et ses chaînes un poids mortel.

Dans l'amertume de mes larmes,
J'éteins mes premières amours ;
J'abjure jusqu'aux moindres charmes
Qui coronnèrent mes beaux jours.....
Laissez-moi sortir d'esclavage
Et recouvrer ma liberté,
Et que, dans mon cœur, à l'orage
Succède la tranquillité !

François eut à peine fini de chanter,
que mademoiselle de Soulanges accou-
rut avec empressement ; elle lui adressa sur sa voix les complimens les plus

flatteurs, et l'engagea à partager souvent ses promenades solitaires. Elle ajouta qu'elle avait une clef du jardin de son oncle, au moyen de laquelle elle pouvait s'y rendre librement. Il fut convenu de se retrouver le lendemain à pareille heure.

Cette nouvelle liaison eut bientôt fait disparaître de la tête du jeune novice les projets de philosophie qu'il avait forgés sans consulter l'amour. Il n'avait fait qu'entrevoir la figure de mademoiselle de Soulanges, et son ardente imagination lui prêtait plus de charmes qu'à tous les objets qui auparavant avaient allumé ses feux. Il brûlait de la revoir, de lui déclarer les ravages qu'elle avait déjà faits sur son esprit. La nuit vint enfin envelopper toute la nature de son sombre voile. A l'heure prescrite, François en sentinelle dans le bosquet attendit avec impatience que la porte du jardin s'ouvrit. Semblable à la lune qui sort tout-à-coup d'un nuage, mademoiselle de Soulanges parut. Une robe blanche rendait son aspect plus sensible. Enfonçons-nous dans cette allée couverte, dit-elle à François. Vous me parûtes hier affligé. Les cœurs sensibles ont une attraction qui les entraîne l'un vers l'autre : entretenez-moi de vos peines ; j'adoucirai les miennes en vous les racontant. Car hélas ! ajoute-t-elle en essuyant des pleurs, il s'en faut de beaucoup que le sort dont je jouis soit digne d'envie : les épines de la vie n'ont cessé d'hérisser tous les momens de ma carrière. Mais j'oublie que vous-même avez à vous plaindre de la Fortune ; parlez, et si je puis vous aider, ou par mes conseils ou par mes connaissances, à réparer les torts qu'elle vous a causés, je m'applaudirai doublement du hasard qui nous a fait rencontrer.

Cet aimable début eut bientôt gagné la confiance de François. Il lui traça l'histoire de ses malheurs, et intéressa si bien mademoiselle de Soulanges qu'elle n'hésita pas à lui apprendre ce qui suit :

L'espèce d'opulence dont je jouis en ce moment, me fait rougir moi-même. Réduite à la plus affreuse misère, par l'intempérance et les écarts du chef de notre famille, je vivais à Paris dans la plus profonde obscurité. Mon oncle, que l'ambition avait jetté dans l'état ecclésiastique, m'offrit de m'arracher à l'infortune, mais à une condition si dure et si humiliante, que je ne vous l'avoue qu'avec une répugnance ex-

trême. Il m'apprit que M. de G...,
évêque de Sois..., avait conçu pour
moi la plus violente passion, et que si
je voulais y répondre, lui et moi se-
condés par le crédit et aidés par la
bourse de sa grandeur, reprendrions
dans la société un état convenable à
notre naissance. J'eus beau m'armer
d'indignation, rejetter les offres qu'on
me faisait comme une insulte, une in-
humanité outrageante, mon oncle finit
par triompher en me disant avec colère : « Voyez à quoi me réduit votre
obstination à refuser le prélat. Je perds
l'abbaye de St.-Faron, que M. de G...
m'a fait proposer. Quant à vous, je
doute qu'il n'obtienne par des moyens
violens ce que vous eussiez pu lui accorder de bonne grace. Votre maison,
vos gens, vos meubles, tout est préparé avec magnificence. Votre com-

merce avec l'évêque sera couvert d'un religieux secret : le prélat a le plus grand intérêt à le garder. Mes amis et moi publierons dans le monde qu'un parent éloigné, mort aux Indes Orientales, vous a laissé de quoi réparer la fortune de vos pères ; vous paraîtrez avec éclat dans la société , vous n'y serez point montrée au doigt, et il est possible que vous y preniez un établissement honorable. J'ai la promesse écrite de M. de G..., que dans ce cas , il s'oblige à vous payer une dot de 50,000 écus. Vous devez juger , d'après ces conditions, s'il est éperduement amoureux. Tout cela tient à vous : si vous cédez à mes instances, vous faites mon bonheur et le vôtre. » Et m'embrassant avec la démonstration de la plus vive tendresse : « Voudrais-tu, mon enfant, pour une chimère, priver ton oncle

d'un établissement qui assure sa fortune et la tienne pour toute la vie. Vois
à quelles extrémités nous sommes ré-
duits, et dans quel mépris nous vivons,
parce que nous ne pouvons plus nous
présenter avec ces dehors brillans qui
en imposent aux plus fiers personnages.
Ma fille, ma chère fille, sauve-nous du
malheur d'être pauvres et dédaignés
dans le monde. »

Jeune et sans expérience, je n'eus
pas la force de résister aux faux rai-
sonnemens de mon oncle. Sans attendre que je lui répondisse autrement
que par mon silence, il se hâta de
communiqner à l'évêque le succès de
son message. Je vis bientôt sa grandeur à mes pieds. J'avoue que dans le
premier moment, je fus éblouie de ma
conquête : il mit d'abord dans ses hommages, tant de délicatesse et de rete-

nue, que je fus presque tentée de croire que ce qu'il faisait en ma faveur, était l'effet de procédés généreux. Bientôt il changea de langage; il voulut obtenir en maître ce qu'il m'avait supplié de lui accorder en amant. L'inclination n'ayant aucune part à mes complaisances, elles me fatiguèrent bientôt. A l'approche du prélat, mon front, malgré moi, se ridait ; le chagrin obscurcissait mes traits ; je perdais la gaîté et le courage. Habile à saisir les mouvemens du cœur, G.... s'en apperçut, m'en fit les plus durs reproches. L'amertume devint l'aliment de nos conversations; mais loin de diminuer la passion que je lui ai inspirée , mon humeur farouche irrite ce caractère impétueux. Mon amant a porté à mon oncle les plus fortes plaintes : celui-ci, sous le prétexte de me faire jouir de la pureté de l'air, m'a invité à me rendre à son abbaye. J'y mène la vie la vie la plus désagréable; G.... m'obsède de ses caresses, mon oncle de ses remontrances. Mais ce qui rend ma situation plus désespérante, c'est que déjà mère, je suis prête à la devenir encore.....

Comme mademoiselle de Soulanges achevait de prononcer ces derniers mots, on entendit quelqu'un marcher dans l'allée très-voisine de celle où nous étions. La lune dans son déclin ne jettait qu'une faible clarté qui permettait à peine de distinguer les objets; mais, pour ne pas se compromettre, François quitta cette malheureuse victime de l'ambition et de la pailliardise ecclésiastique. En courant, il arriva, on ne sait comment, qu'il tomba dans les jambes du prieur qui parut fort surpris de le rencontrer dans cette promenade. Il lui ordonna de le suivre, le conduisit à sa cellule et l'y enferma. Le lendemain il le fit appeler et lui dit :

Je dois respecter en vous le service que vous avez rendu à l'ordre, et vos talens ; mais apprenez que monsieur l'abbé intéressé à épier les démarches de sa nièce, m'a chargé de vous suivre. Aucun fiel n'entre dans le parti que je dois vous prescrire ; je suis obligé de vous éloigner de cette maison. Mais ne craignez point que j'en divulgue les motifs ; je vais annoncer aux religieux que votre famille a besoin de votre esprit pour concilier des intérêts opposés. J'ai déjà écrit en votre faveur au prieur de S.-R***. Voici tout ce qui vous est nécessaire pour faire la route. Le cocher de la maison vous conduira jusqu'à la première poste. Adieu , mon ami ; il est permis d'être homme ; c'est une qualité qu'on ne peut quitter sous aucun habit ; mais il est des circonstances où il est très-préjudiciable de céder à ses faiblesses. Vous pouvez disposer par-tout du zèle de dom Lavie à vous servir. Partez : que l'aurore á son lever vous voie déjà sur le chemin de la Picardie. Après ces mots, le prieur embrasse François et disparaît sans lui donner le tems de répliquer.

Avant de se renfermer dans son monastère, il voulut aller verser quelques larmes sur la tombe de Louise et de Marie-Anne, et puiser des consolations dans les entretiens du vénérable hermite. Ce sage solitaire avait aussi payé le tribut à la nature. Un homme

homme dans la première jeunesse oc-
cupait l'hermitage ; c'était Ambroise.
François ne vit pas sans quelqu'adou-
cissement à ses chagrins, qu'il allait
habiter nn pays voisin d'un homme
qui l'avait intéressé par la sensibilité
de son ame et par ses malheurs. Le
nouvel hermite lui apprit que son pré-
décesseur n'avait pu vaincre la douleur que lui avait causé la perte de
son enfant. Il ne pouvait détacher ses
regards de ce portrait vivant d'une
épouse chérie , c'était sa consolation
et son bonheur. Son doux sourire , sa
folâtre gaîté chassaient de son esprit
les souvenirs amers que son isolement
nourrissait. Souvent il le conduisait
au tombeau da sa mère. Là , prenant
un air recueilli , cette innocente créature adressait au ciel les vœux d'un
cœur pur ; et lorsque son père arro-

sait de ses larmes la terre qui renfer‑
mait l'objet qui avait fait tous ses dé‑
lices, l'aimable enfant venait avec sa
jolie petite main les essuyer en disant:
« Ne pleure plus, mon père, maman
» est là. » Une toux opiniâtre l'emporta
dans sa cinquième année. Son père
stupide de douleur, l'esprit aliéné,
refusa depuis ce moment de prendre
aucune nourriture, et termina sa car‑
rière dans mes bras. Dégoûté des tra‑
casseries et de l'injustice des hommes,
j'ai résolu de ne plus paraître au mi‑
lieu d'eux que pour les servir. Je ne
goûte de vraie satisfaction qu'auprès
du dépôt que la providence semble
avoir confié à ma piété. Vous voyez
cette palissade de peupliers qui s'élè‑
vent en cièrges au bout de cette cla‑
rière, c'est-là que la même tombe
renferme tant de biens chers à ma

mémoire. Une haie de rosiers en couronne l'intérieur ; et sur une pierre
blanche , emblême d'une vie innocente, j'ai gravé ces simples mots :
Monument à l'Amour.

Depuis que je me suis séquestré
dans cette solitude , voici la manière
dont je partage les heures de ma journée : je me lève avec le soleil ; j'a-
dresse au ciel un acte sincère de reconnaissance et de résignation. Je bénis
sa providence , et remets entre ses
mains le sort futur qu'elle me prépare.
Après avoir consacré les prémices du
jour à ce devoir religieux , je travaille
deux heures , puis je coupe un morceau de pain , et vais m'asseoir près du
tombeau de ma chère Marie-Anne.
Aussitôt, tous mes animaux domestiques déposent à mes pieds leurs ani-
mosités naturelles , prennent tour-à-

tour les miettes que je leur jette. A neuf heures, la famille se disperse; je vais baiser le monument de l'amour, je reprens la bêche ou le rateau. A onze heures, je fais la lecture de quelques philosophes. Ce sont ces livres consolateurs qui ont achevé de me dégoûter des vanités humaines et qui m'ont fixé pour toujours dans cet hermitage. A midi, un repas frugal répare ce que la nature a perdu de forces par le travail. Dans l'après-dîner, je vais dans les bois voisins recueillir les simples dont je compose les remèdes que j'administre aux malades qui m'appellent. Quelquefois aussi, je vais méditer sur la tombe de mon amante; et si le sommeil vient me surprendre au milieu de mes rêveries mélancoliques, c'est son image qui m'occupe; je la vois encore, comme dans le souterrain, qui m'appelle dans l'heureux séjour qu'elle habite. Je reprens à mon réveil le chemin de ma chaumière. La serpette à la main, lorsque le soleil s'abaisse sous la charmille qui borde mon jardin, je taille mes arbres, je leur donne des appuis, j'approprie mes allées, arrose mes fleurs et mes légumes. Sur le soir, mes voisins me visitent et m'amènent leurs enfans, ou leurs malades. Je donne des fruits aux uns, et aux autres les avis que je crois nécessaires a leur santé. C'est ainsi qu'une occupation est successivement remplacée par un autre, et que tous mes instans sont remplis.

A neuf heures, je me couche. Mon lit est cette natte étendue sur un plan inclin. Mon oreiller est composé de feuilles séches, et mon manteau forme

H iij

ma couverture. Un ambitieux médi-
tant la ruine de ses rivaux, un vo-
luptueux épuisé par la débauche ne
peuvent trouver le sommeil sur la
plume et l'édredon ; et moi, sur cette
dure couchette, je dors d'un sommeil non interrompu.

François vivement frappé de la
peinture que le jeune hermite lui avait
fait de sa vie, sentit s'affermir en
lui-même la résolution de l'imiter. Il
le pria de le conduire au monument
élevé à l'amour. L'aspect touchant
des rosiers en fleurs qu'un doux zéphir
balançait, et sur lesquels une ame innocente paraissait voltiger, la pierre blanche, l'inscription, le bosquet parfumé
où reposaient les cendres des êtres sensibles dont l'amour avait fait les malheurs, ces objets attendrissans firent
sur l'ame de François une vive im-

pression. Il s'arracha enfin au plaisir qu'il goûtait dans la conversation du solitaire, et se rendit à l'abbaye.

Cette maison l'une des plus riches de la province, possedait une belle bibliothèque, et des savans distingués. François, malgré les traverses qu'il avait éprouvées, n'avait cessé de cultiver les sciences. La nouvelle société où il allait être admis, ne pouvait donc lui être que très-agreable. La recommadation qui l'avait précédé, et sa propre réputation, le firent recevoir avec honneur. Le vin le plus exquis coula avec abondance ; on le pria de rapporter les divers événemens de sa vie. Il en fit le détail avec cette candeur qu'il n'avait pas encore appris à regarder comme une imprudence. A son histoire, se trouvait liée celle du protégé du malheureux évêque d'Uz..., victime de la jalousie, il la raconta. Mais jettant les yeux sur l'un des novices, il le vit essuyer à la dérobée des larmes qu'il ne pouvait retenir. François interrompit sur un prétexte un récit qu'il prévit être pénible à ce religieux. L'ayant rencontré le lendemain dans le parc attenant à la maison, François le pria d'excuser ce qui l'avait pu désobliger la veille dans son histoire, et de lui apprendre quel intérêt il prenait à des événemens qui paraissaient devoir lui être étrangers. Vous en serez bientôt instruit, lui répond le religieux. Asseyons nous sur ce ban de gazon ; ce que j'ai à vous réciter est ignoré de tous nos confrères, mais je ne puis refuser à la confiance que votre ingénuité m'inspire de vous en faire part.

Comme vous, je suis l'enfant du malheur ; avec cette différence que l'état où vous me voyez est l'effet , non de mon choix, mais de la violence. Après avoir été enfermé une seconde fois pendant une année entière sans voir le jour , on m'a donné à opter ou de passer aux îles, ou de me faire moine. Sous cet habit , on ne me laisse guère plus de liberté que dans ma prison. Sous divers motifs , le nouveau prieur , quoique naturellement assez indulgent , m'a retenu dans ces tristes murs, de sorte que je me trouve aussi étranger dans cette ville que si je ne l'habitais que d'hier. Mais pour ne pas vous laisser davantage en suspens ; apprenez que le compagnon de captivité d'Ambroise , c'est moi. C'est moi que l'évêque d'Uz . . . poursuit à outrance. Il a juré de me faire sentir jusqu'au tombeau le poids de sa vengeance, et vous savez si on peut compter de la part d'un prêtre sur un serment de ce genre. Ce n'est plus à l'amour à qui je dois la persecution qu'il m'a vouée; il a défloré, avili et dédaigné mon amante, ma sœur, la plus pure des vierges; oui ma sœur, car, le bon André son père m'a dévoilé le secret de notre naissance.

Déguisé en ramoneur, j'étais parvenu à m'introduire, avec mon visage barbouillé de suie, dans l'hôtel de sa grandeur, Monsieur de Bet..., j'eus bientôt pénétré jusqu'à mon adorable Henriette. Elle n'avait plus ce teint vermeil, cet embonpoint sans lequel la beauté est comme une fleur fané. Il me parut aussi que sa taille s'arrondissait. Je ne pus retenir un cri de douleur et d'indignation tout à la fois. Me reconnaître, s'écrier, *fuis, malheureux!* tomber inanimée sur la place ne fut qu'un instant. La voix de Monseigneur, que j'entendis s'approcher, me glaça de terreur et me mit en fuite. Je sus le lendemain par le maître d'hôtel dont je faisais les amoureux messages , que la malheureuse Henriette avait fait une fausse couche, dont les suites ne pouvaient être que très-fâcheuses. Lui ayant dit avec un sourire ironique , que sûrement son maître était très désolé de cet événement. Mon garçon, me répond-il naïvement, les grands n'aiment que le plaisir qu'on leur donne. Henriette n'est plus jolie, c'est un fardeau qui pèse non pas sur la conscience , mais désagréable aux yeux de sa grandeur. Chut, en me mettant la main sur mes lèvres: en voici bien la preuve. Portez cette lettre à Madame la Comtesse de Per . . . c'est un poulet, ou le diable me pende. Vous êtes intelligent et adroit, je veux vous obtenir la confiance de mon maître; il est généreux dans ce cas, quand on le sert bien.

Un frisson courut par tout mon corps à cette proposition, je remerciai cependant mon homme et fus porter le billet doux. Étant revenu vers le soir à l'hôtel, j'appris que le père d'Henriette vivement affecté de l'accident de sa fille, était malade. On parla de lui administrer quelque potion, je m'en chargeai. A la vue de ce vieillard, l'objet, comme moi, des bontés du précédent évêque d'Uz... mon attendrissement fut inexprimable; des pleurs involontaires coulèrent de mes yeux; il releva les siens sur ma personne. O ciel, s'écria-t-il, aurais-tu rais-tu exaucé mes dernières vœux? — est ce vous le frère d'Henriette ? — Le frère d'Henriette ? — Bon André, que m'apprenez-vous? — La verité. Elle n'est pas plus ma fille que vous n'êtes mon fils. Je me suis prêté à couvrir la faiblesse d'un homme dont la bonté et la générosité compensaient tous les défauts. Ne croyez pas cependant que j'aie contracté le mariage avec votre mère. Vous en verrez la preuve dans ces papiers que je vous confie. Ils contiennent aussi celle de votre origine et un contract qui vous donne à chacun 500 fr. de rentes. Je désespérais de vous retrouver, je n'ai plus rien à desirer ; il ne me reste plus qu'à mourir en paix. Allez, mon ami, voyez Henriette, s'il est possible, et apprenez lui la vérité. Pour moi, je n'ai pu la lui faire connaître. Au-

2 I

lieu de m'amener à Paris, on m'a exilé dans une terre de Picardie, d'où l'on ne m'a rappellé que sur les prières de votre sœur. Je l'ai vue mourante dans mes bras. Monsieur l'évêque m'a présenté lui-même à sa victime avec un ton léger et persifleur qui m'a rempli d'indignation. Soyez prudent dans vos démarches; un regard, un mot peuvent vous perdre. Adieu, mon ami, en me pressant la main; le ciel vous conduise, et pardonne au malheureux André.

J'alai cacher mes larmes et ma douleur dans ma chambrette, pour réfléchir à loisir au parti que j'avais à prendre. Je m'arrêtat à prévenir ma sœur par une lettre, de mon entrevue avec André, et de l'objet de sa conversation, puis d'employer auprès de l'évêque les moyens de l'autorité pour arracher ma sœur à sa tyrannie. Elle reçut ma lettre, mais je fus découvert. La scène qui s'ensuivit avec Mr. de B . . . en présence de ma sœur, la fit mourir deux jours après, et me replongea dans la captivité. Je fus arrêté le même soir comme vagabond, et claquemuré à S. Lazare. Une maladie qui conduisit Mr. l'évêque à deux doigts du tombeau, a sans doute réveillé ses remords. Il m'a fait proposer ma sortie à condition que je lui jurerais un silence éternel sur l'affaire de ma sœur, et que je m'éloignerais de Paris. Que ne promet-on pas pour jouir de la liberté ? Je souscrivis à tout, et j'ai préféré comme vous le genre de vie qui me paraît le plus compatible avec la tranquillité et l'insouciance des besoins de la vie. Je ne m'attendais à rencontrer dans ma retraite un homme élevé comme moi à l'école du malheur, et un ami.

Après ces mots, il serra la main de François. Depuis cette époque, ils ont constamment vécu comme Pylade et Oreste. Ambroise fut admis en tiers dans leur intimité dont chaque jour resserra les liens.

Le commerce d'amitié et d'estime, qui s'établit entre ces trois hommes, éveilla bientôt la jalousie monacale. La calomnie distilla sur eux ses noirs poisons, au point que le prieur des Bénédictins allarmé signifia à François et à son ami qu'ils eussent à choisir chacun de leur côté, une autre maison. Le Val de Rion fut désigné par celui-ci, et le Mont St.-Quen..., l'une des plus magnifiques de l'ordre, par François.

Avant de s'éloigner d'un pays si voisin de sa famille, il ne peut résister au plaisir d'aller la revoir. Ce voyage ne lui procure que de nouveaux chagrins. On lui apprend que sa Victoire a paru dans Mon... quelques jours avant son arrivée; qu'elle avait affecté dans ses conversations un oubli absolu sur ses premières amours, et qu'elle avait à sa suite un jeune militaire de bonne mine qu'on présumait être son nouvel adorateur. François oublie qu'il porte sur la tête la couronne de Saint-Benoît; il jure de se venger de l'ingrate et du téméraire, partout où il les trouvera, comme s'il n'avait donné lui - même l'exemple de l'infidélité. Il se jette sans autre réflexion sur leurs traces, et arrive au Mont S. -Quen...

Le genre de vie qu'on suivait dans cette abbaye, était toute consacrée au plaisir. La somptuosité des festins qu'on y donnait chaque jour, attirait

un essaim d'aimables convives. Des
Syrènes enchanteresses animées par la
chaleur du Nectar qu'elles avalaient
à pleines coupes, ajoutaient au feu de
leurs regards les accens passionnés de
leurs voix luxurieuses. Enflammés par
ces prêtresses de la volupté, plus d'une
fois on vit les Péres haletans du besoin
de jouir, s'éclipser tout à coup et aller
avec leur voisine se rouler sur les lits
de Gazon préparés sous des berceaux
odoriférens. Là s'oublient sur l'autel
du Dieu Priape, et la règle, et la bien-
séance ; là, François s'abandonne aux
impétueux mouvemens d'un tempérament lascif.

Mais l'inconstance, ce lenitif d'une
passion trop ardente, vint bientôt couvrir de dégoûts, des jouissances trop
faciles. En vain il cherchait à éteindre
dans les bras d'une autre maîtresse

l'ardeur qui le consumait ; l'image de Victoire, semblable à un fantôme, attaché à ses pas, le poursuivait partout. Un jour qu'entraîné dans ses rêveries mélancoliques, il s'était tellement écarté de la route qu'il lui était impossible de regagner le couvent, le même soir, une ferme de médiocre apparence s'offre sur le bord de la route; il vient y demander l'hospitalité, et reçoit de la part des personnes qui l'habitent l'acceuil le plus gracieux. Quelque chose de distingué annonçait en elles une éducation non commune. Malgré les soins empressés qu'on prodigue au voyageur, il aperçoit sur le visage de ses hôtes un air de tristesse qui pique sa curiosité. Il apprend que la fille unique de la maison en est l'objet. Une indisposition d'abord légère s'accroît, chaque jour, avec les sym-

tômes les plus effrayans. François té-
moigne le desir de la voir. On le conduit dans un cabinet simple, mais très-
proprement tenu : un lit en baldaquin
d'où tombaient avec grâce des rideaux
blancs, formait une espèce de reposoir
sur lequel était couchée l'intéressante
Amélie. A la vue d'un homme qu'elle
ne connaît pas, la pudeur couvrit son
visage d'un voile de pourpre, ses yeux
lancèrent de leurs longues paupières
un éclair fugitif. Quel air de candeur!
que de délicatesse dans ses traits ; et
surtout quel son de voix pénétrant !
François a peine à cacher son émotion.
Feignant connaître les symptômes de la
maladie aux pulsations du pouls, il
prend dans sa main la main tremblante
de la jeune fille. A quelques questions
hazardées par le nouveau docteur, il
ne lui fut pas difficile de deviner qu'il

fallait aider la nature dans les efforts qu'elle faisait pour produire les signes de nubilité. En conséquence, il fit administrer à la malade de bon vieux vin avec infusion de canelle, et prononça dogmatiquement que le lendemain elle serait guérie. L'effet de la potion fut prompt et salutaire ; et François acquit sur l'esprit de ces bonnes gens et de leur fille, un crédit qui devint funeste à leur tranquillité. L'habitude de se voir leur en fit à tous un véritable besoin. Insensiblement on se relâcha de la prudente circonspection qu'on avait résolu de garder envers le séduisant Bénédictin ; la trop simple Amélie paya de son innocence la témérité de ses proches ; elle ne put longtems cacher la honte de sa défaite, et ne songea plus qu'aux moyens de se soustraire à la sévérité paternelle. Son amant,

loin de partager son affliction de sa gros-
sesse, encore plus épris de ses charmes, se réjouissait de devenir père,
et s'efforçait de pénétrer son amante
de la même illusion. Une chaumière
qu'habitait seule une vieille femme
dans le hameau de l'autre côté de l'abbaye, fut l'asyle où Amélie alla se
soustraire à tous les yeux, excepté à
ceux de François. Il osa se charger
de la difficile entreprise d'adoucir le
juste courroux des parens de la fugi-
tive, et sut mettre dans ses discours,
tant de souplesse et d'art qu'il vint á
bout, non pas de les consoler de l'absence de leur enfant chérie, mais d'é-
carter le soupçon qu'il y eut la moindre part.

Une fille, belle comme celle qui lui
avait donné le jour, couronna les vœux
de François. Sa tendresse avait aug-

menté en devenant père, au point qu'il
en eût avoué hautement le titre, s'il
n'avait craint d'attirer sur ses pas les
regards curieux de ses confrères. Visité
un jour par un ami, son compatriote,
il ne put résister au plaisir de le conduire à la chaumière d'Amélie; elle
tenait sa Rosine sur ses genoux, et allait lui présenter le sein, lorsque la
vue d'un étranger la jeta dans une
confusion extrême que ne fit qu'aug-
menter le cynisme de son amant.
« Voilà ma femme, dit-il, en la montrant
» à son ami; cette enfant est ma fille. »
Amélie cache son visage sur celui de
sa fille, et ne répond à tout ce que
son amant lui adressa ensuite de ten--
dre et de consolant, que par des san-
glots. Depuis ce moment, la bonne
intelligence qui avait toujours régné
entr'eux disparut. Amélie sentit qu'en

s'évadant de la maison paternelle, elle s'était privée desconsolations de la meilleure des mères , et s'était ravi tout espoir d'indulgence. Elle ne vit plus son séducteur que pour lui reprocher de l'avoir livrée à l'opprobre, et d'avoir trahi lui-même le devoir de son état. Elle tombait dans le délire, lorsqu'elle pensait qu'elle ne pouvait avouer sans déshonneur, ni son enfant, ni son père. La femme, qui lui donnait ses soins avec l'affection d'une mère, crut détourner le cours de sa douleur en lui apprenant que ses proches ne cessaient de la pleurer, qu'ils ne demandaient au ciel, avant demourir, que la satisfaction de presser sur leur sein leur chère fille. A ces mots, l'infortunée Amélie tomba dans un attendrissement inexprimable ; une fièvre violente vint mettre le comble à sa déplorable situation. François désespéré

sespéré de ne pouvoir remplir auprès d'elle le rôle d'époux, et celui de père envers sa fille ; ayant d'ailleurs é- puisé ses moyens pécuniaires , se vit obligé de faire, dans une lettre anony- me très-touchante, un appel à la clé- mence et à l'humanité des parens de sa maîtresse. L'exprès chargé de la porter fut bientôt suivi du père d'A- mélie. Le plaisir de la retrouver se fit sentir seul au cœur de ce bon villa- geois ; il ne fut plus occupé qu'à sau- ver la mère et l'enfant.

François rongé de chagrins et de remords, persuadé qu'il aurait à lut- ter contre la famille d'Amélie, préféra de quiter cet agréable séjour et un état où il était continuellement en op- position avec la pente de son caractère. mais que faire ? où porter ses pas ? Le désespoir lui inspire une résolution extrême, hardie, mais excusable dans les circonstances impérieuses où il se trouve. Il monte chez le prieur, l'aborde d'un air déterminé, et lui tient ce langage : — Dom B * * *, j'avais cru que l'expérience du passé me rendrait sage à l'avenir ; l'occasion m'a prouvé le contraire. Je ne suis qu'un fol, un étourdi, un vil égoïste qui ne connaît ni frein ni mesure, et qui tout à l'heure vient d'entraîner dans l'abîme la plus intéressante des créatures ! elle est ma femme, je suis le père de son enfant ; j'avais tant de plaisir à le voir sucer son sein, sourire dans ses bras, et à le serrer dans les miens ! . . ils m'ont ravi et la mère et sa fille ; ils m'ont poignardé... Mais cessez de froncer le sourcil. Qu'ai-je fait que vous autres ne fassiez chaque jour ? Je n'ai point comme vous, la coupable adresse de frustrer la nature de ses effets; enfin j'ai pressé contre mon cœur le doux fruit de mon amour, et je ne saurais rendre ce que j'ai senti. Mais je m'écarte de l'objet qui m'amène; revenons.

J'abjure pour jamais la profession monacale, celle des armes convient seule à mon caractère indépendant. Le Colonel de Berw.... vient de perdre au jeu une somme de 40,000 fr. il lui faut de l'argent, pour faire face au billet d'honneur qu'il a contracté. Il m'a offert une place de lieutenant dans son corps, mais il exige un pot de vin de 4000 fr., je n'ai que vous de qui je puis espérer le prêt de cette somme. C'est trop peu de chose pour empêcher le réfectoire d'offrir à vos convives la magnificence ordinaire, mais c'est tout pour moi ; par là vous me rendez à la société, et vous vous débarrassez de l'existence d'un homme qui ne peut être que déplacé sous cet habit. Parlez, mon père, ne soyez pas généreux à demi. Si je prospère, vous n'aurez fait qu'une avance ; si l'adversité s'opiniâtre à me poursuivre, vous n'en aurez pas moins droit à mon éternelle reconnaissance ; chaque jour je répéterai : Dom B * * * n'a pas été insensible à la prière d'un homme infortuné ; il a pardonné à la faiblesse: Dom B * * * vivra dans mon cœur, tant qu'il circulera un principe de vie dans mes veines.

Après un moment de silence, le prieur, soit par motif de générosité ou tout autre, prend la clef de son coffre-fort, et lui compte en or la somme qu'il desirait. Sur le champ, François part, livre ses louis ; et élevé au grade convenu, il échange l'uniforme de St. Benoît contre celui d'officier. Le Régiment destiné à partir pour St. Domingue, reçut l'ordre de se rendre à bord à Boul. . . sur mer. Ce voyage souriait singulièrement à l'imagination d'un homme qui toute sa vie n'avait fait que voltiger d'objet en objet, de place en place, sans se fixer nulle part. Il se promettait en Amérique de nouvelles jouissances ; il croyait en avoir épuisé en Europe tous les trésors. Son impatience de se livrer à la merci de l'élément perfide, égalait sa curiosité excessivement aiguillonnée par tout ce qu'on lui avait dit de cette île célèbre. Il voulait en parcourir les plus chétifs recoins, y etudier les mœurs et les habitudes de ces enfans de la nature, et adopter leur genre ne vie, s'il le trouvait plus convenable à la trempe de son ame. La fortune, ce démon qui tourmente sans relâche l'espèce humaine, n'entrait pas encore dans ses calculs : il n'appréciait qu'un bien, celui d'être maître absolu de ses actions: Projets chimériques , enfans d'un esprit frivole et pétulant, vous parûtes comme ces feux ,'qui, tout à coup, s'exhalent dans les airs et s'éteignent.

Occupés aux préparatifs d'un long voyage, les officiers du régiment de Berw... n'avaient pas encore signalé leur séjour dans leur nouvelle garnison par les visites de corps ordonnées par l'usage. La cour ayant accordé un sursis à leur embarquement, on s'occupa de ce devoir d'eti-

quette. Accueillis partout avec honneur, Messieurs les officiers annon-
cèrent que le dimanche suivant, ils
espéraient posséder les dames de
la ville au bal qu'ils se proposaient
de leur donner. Ce début galant
était le préliminaire ordinaire de leurs
conquêtes sur le cœur des belles.
Jeunes la plûpart, ils avaient mis en
cette circonstance, un soin dans leur
parure qui prouvait leur desir de
plaire. François seul, rêveur et
distrait, paraissait n'être occupé que
de son île. Il parcourait nonchalam-
ment les pelotons d'aimables dames,
lorsque le cri de l'une d'elles attire
son attention. Trop éloigné pour distinguer ses traits, on lui dit que la
personne est étrangère; qu'elle venait
de sortir de la salle par un côté op-
posé, sans qu'on sût la cause de son
exclamation.

Cet événement n'avait causé qu'une légère rumeur ; on n'y pensait plus l'instant après ; mais le lendemain François reçut à la parade la lettre suivante.

» Mon Officier, vous êtes, sans doute,
» un homme d'honneur ; en consé-
» quence, je présume que vous ne re-
» fuserez pas de venir donner satisfac-
» tion à un de vos soldats pour cau-
» se grave. Ce n'est pas le service
» militaire qui est le motif de ma
» provocation ; mais une insulte, d'an-
» cienne date , faite par vous , mon
» Lieutenant, à une personne de mes
» amies. Comme on m'a assuré que
» vous aviez déjà mis l'ame à l'envers,
» à trois ou quatre sabreurs, je m'ima-
» gine que vous regarderez comme
» une bagatelle, le cartel d'un hom-
» me qui n'a jamais manié les armes

» que contre les poissons de la Hol-
» lande. Si je meurs, vous ferez plan-
» ter sur ma tombe un pierre avec cette
» inscription : *elle l'a voulu : il est*
» *mort pour elle.* Si au contraire, j'ai
» l'honneur de vous tuer, je ferai gra-
» ver celle-ci : *Il est mort : elle a*
» *voulu qu'il mourût.* Ne me faites au
» reste aucune question sur notre dé-
» mêlé ; il sera bien tems de vous l'ex-
» pliquer , lorsque vous ou moi, au-
» rons l'épée dans le ventre. Adieu,
» mon Officier ; à demain , 5 heures
» du matin, aux Tintelleries. »

Salut et respect ,

BURG WENSPER,

Volontaire Batave.

François dans une impatience extrême de connaître l'auteur de cette
lettre ne se donna pas de relâche qu'il

ne l'eut découvert. Malgré toutes ses perquisitions, il ne put y parvenir. Exact à se présenter au rendez-vous, il y trouva entre deux personnages, l'un âgé et l'autre dans la premiere jeunesse, un cavalier de bonne mine, avec un chapeau à panache, une aigrette d'or en place de boucle, et en habit militaire simple, mais d'une tournure qui éclipsait l'Officier le plus élégant. » Mon Lieutenant, lui dit le jeune homme, c'est moi qui vous ai provoqué; voilà mes témoins ; où sont les votres ? — Les voici, s'écria François en frappant son cœur et en tirant l'épée : en garde : *Mort ou Victoire.*

A ces mots, l'undes témoins s'élance sur l'arme meurtrière. — Me voici perfide ; la voilà cette Victoire dont tu invoques le nom ; frappe, homme barbare et léger, qui m'a tant outragé.

C'est à moi à punir les affronts que tu m'as faits. A ton poste, lâche; défens-toi ou péris ; me dédaignes - tu assez pour ne pas répondre?... Ah! tu te rends justice ; tu sens que l'heure d'expier tes crimes a sonné. Tu veux périr. Non, infâme suborneur. Vis, pour que le ver rongeur te torture l'ame. Adieu , je t'abandonne à tes remords. L'horreur de toi-même, qui te poursuit, me venge assez.

— Victoire ! ma Victoire! que dis-tu? que fais-tu? arrête, vois ma douleur , mon repentir; oui, je suis le plus inconstant , le plus criminel des hommes: mais j'en atteste le ciel, mon cœur et l'amitié: toi seule , as toujours causé mes regrets ; je n'ai soupiré que ta possession. Le bonheur que je me suis promis ici bas, c'est toi qui peux seule me le réaliser. Tu es la pre-

mière flamme qui a embrasé mon cœur;
c'est toi la première qui m'a fait sentir le pouvoir de l'amour. Jamais dans
ses plus ravissans extases , je n'ai
oublié combien j'ai éprouvé de délices
dans le bois de W... O Victoire! cet
éclair de félicité n'a pu s'effacer non
plus de ta mémoire ; tu soupires encore de volupté ; ta colère est celle
de l'amante fidelle. J'expierai tous mes
forfaits. Je m'immolerai, s'il le faut,
pour te prouver ma conversion ; oui,
je te suis partout. Le bonheur que
j'ai de te retrouver , m'a trop coûté
de peines pour que je le laisse échapper encore. Non, amante adorée, non
rien ne nous séparera plus. J'en
prends les cieux , la terre et vous ses
amis, à témoin. J'ai pu courir après
une ombre trompeuse de félicité; j'ai
été puni par le vide que j'éprouvais

après

après la jouissance ; je me disais : ah! ce n'est pas ainsi que Victoire aime. Ce n'est ni son ame, ni sa sage retenue, ni cette délicatesse dont aucune autre femme ne m'a donné des preuves. Elle seule mérite la préférence ; elle les surpasse toutes en grâces et en vertus. Celle-ci a sa beauté, mais n'a point cette sensibilité touchante qui subjugue. Vous trouverez dans une autre au premier instant le même voile de modestie ; mais ce n'est qu'une coquetterie rafinée qui disparaît bientôt, et que remplace une lubricité insatiable. Leur voix mielleuse est semblable à celle du serpent. Une fois vainqueurs, elles se rient de leurs conquêtes. Victoire toujours simple, toujours naïve est la vivante image de la pudeur et de la sagesse. O ciel! ajoutais-je, rends moi ma Victoire ; et

2. L

en l'accordant à mes veux, fais la moi retrouver digne du tableau intéressant que je m'en suis formé. Mes écarts m'ont conduit à l'expérience : je sais, ô Victoire ! apprécier la moralité des hommes et la vertu des femmes. La tienne a su se conserver sans tâche au milieu des éceuils de la jeunesse. Ta main, ton cœur sont encore libres, pourquoi les refuserais-tu à ton premier amant ? Je t'en conjure à genoux, n'ajoute pas au terme de mes souffrances par des délais inutiles. Prononce mon pardon. Fixe le jour où je pourrai sceller devant les autels le serment que nous avons fait depuis si long-tems de n'appartenir que l'un a l'autre....

Non, ajoute Victoire : vos discours ne changeront rien à ma résolution, vous avez comblé la mesure,

L'heure des travaux approche ; retirez-vous d'un côté, nous prendrons une autre route. Qu'il vous suffise de savoir que j'apprendrai toujours avec le plus vif intérêt vos succès militaires ; et si Victoire peut encore influer sur quelqu'une de vos actions, portez au de là des mers cette écharpe. Elle détache en même tems le sabre qu'elle portait, et le remet entre les mains de François. — Je suis votre chevalier, s'écrie-t-il, vous ne sauriez détruire votre ouvrage. Vous êtes à moi par les lois sacrées de la chevalerie. Oui, je serai votre preux ; si j'ai le bonheur de revenir du nouveau monde, croyez que François aura expié tous ses égaremens, et qu'il sera digne de sa Victoire. — Vous oubliez l'accolade, leur dit en riant le jeune homme. Soit, dit-elle, mais vous oubliez vous même que j'ai perdu le droit de la donner... Mais adieu, François. L'heure nous presse. Elle prend aussitôt la main des deux personnes qui l'accompagnaient, et s'achemine vers sa demeure, malgré les instances de son amant pour l'arrêter.

Etourdi de cette rencontre imprévue, François ne concevait rien à la bizarrerie de Victoire. Elle l'avait traité d'abord avec une sévérité cruelle, et paraissait ensuite s'être attendrie, puis avait repris son premier ton de froideur. La pensée qu'elle avait décidé de son sort ; qu'elle s'était sans doute engagée à un autre, tout cela le jettait dans une anxiété, un désespoir qu'il ne pouvait cacher. Violent, comme le sont les jeunes gens abandonnés à leurs passions, il ne perdit pas de tems et pour decouvrir la maison habitée par sa maîtresse, et pour éclaircir l'énigme qui enveloppait ses discours. Il apprit par l'un de ses domestiques qu'elle n'était établie dans cette ville que depuis trois mois; que sa mère, son père, deux sœurs, un frère et le beau garçon qu'il avait vû, composaient toute la famille; mais il ne put savoir si ce dernier était l'amant ou le parent de Victoire. Ils vivaient tous ensemble dans la plus étroite liaison, et se livraient à des spéculations de commerce. Tout cela n'était guère propre à tranquilliser l'ardent François. Envain s'était-il présenté, avait-il écrit pour obtenir une entrevue; il eût plutôt pénétré à travers les grilles d'un cloître que dans cette maison. Combien de fois ne maudît-il pas l'instant où il l'avait rétrouvée ! Sa tête était montée à un point excessif;

il fuyait les hommes; sa gaîté était disparue. Ce qui achevait d'aigrir ses peines, c'est que l'ordre du ministre portait d'appareiller sous trois jours. Ainsi allait s'évanouir tout espoir de lui parler et de connaître au vrai sa situation; la sienne était digne de pitié.

Dans le même tems, il reçut une lettre du Mont Saint - Quen... La vieille femme, à qui An élie avait été confiée, lui mandait que sa fille avait été emportée dans une convulsion; que le père de sa maîtresse avait succombé à une atteinte d'apoplexie; que le Prieur profitant de la détresse où cette famille se trouvait réduite, lui avait prodigué des secours, et que la chronique d'alentour annonçait qu'il avait sû gagner les bonnes graces de la belle. Un mouvement de jalousie s'éveilla dans son cœur. Déjà il leur avait tracé une lettre pleine d'invectives et de durs reproches; mais réfléchissant qu'elle attaquait à la fois son bienfaiteur et une personne sur laquelle il n'avait plus de droits, il préféra la livrer aux flammes. Sexe trompeur, se disait-il, voilà de vos artifices. Vous ne trouvez rien d'aimable comme l'amant qui vous idolâtre. Absent, il perd tout son prix, et vous vous hâtez de lui donner un successeur. Vous vous consolez dans ses bras, du succès de vos ruses. Bien est insensé celui qui sacrifie à vos caprices sa jeunesse, sa santé, sa réputation et sa fortune! il se prépare dans la suite d'amers ressouvenirs. Victoire, cette Victoire si rigide en apparence dans ses principes, n'es-t-elle pas une preuve de mon opinion? A-t-elle fait le moindre effort pour se procurer de mes nouvelles ? a-t-elle manifesté le simple desir d'unir sa destinée à la mienne ? ne vois-je pas au contraire que l'amour propre seul est l'ame de ses démarches ? alors que je la croyais loin de mes yeux, elle paraît ; je tombe à ses pieds, elle m'accable de reproches et me rejette. Non, perfides, je ne porterai plus votre joug. Je combattrai désormais l'attrait qui m'entraînait vers vous, comme un dangereux présent de la nature ; si quelquefois, elle me commande impérieusement de céder au besoin de l'homme, après m'être servi du vase, je l'apprécierai ce qu'il vaut, et le négligerai...

C'était ainsi que François, promenant ses regards du haut des falaises qui dominent à gauche l'Ocean, et à droite les côtés d'Albion, exhalait, tout haut, sa noire mélancolie. Voyez, ajoutait-il, ces ondes mobiles que le moindre souffle ride, qui du calme passent tout à coup à la tempête, voilà l'image de ce sexe que notre sotise encense comme la divinité. Nos usages, nos institutions l'ont perverti; nous ont dénaturé nous autres hommes. O qu'il me tarde d'arriver dans cette région où la nature a conservé des traces de sa beauté primitive ! Là ni Amélie ni Victoire ne viendront renouveller encore les plaies de mon cœur....

En achevans ces mots, il se sentit presser le bras. C'était le jeune homme avec lequel François devait mesurer son épée. — Mon Lieutenant, lui dit-il avec une grâce toute aimable, je bénis le hazard qui m'a conduit sur vos pas. Il me tarde de réparer vis-à vis d'un galant homme comme vous, l'inconséquence de ma provocation à nous battre. Je n'avais rien à démêler avec vous ; mais Victoire.... — Laissons Victoire et ce qui a rapport, Monsieur. La conversation peut s'étendre sur une foule d'autres objets beaucoup plus intéressans. Ne trouvez pas que rien n'égale la majesté du spectacle qui s'offre à nos regards ? ces ondes qui viennent se briser ici, malgré leur fureur ne peuvent outrepasser ces digues. J'aime à donner un libre champ à mes rêveries sur ces dunes ; il me semble que mes idées s'agrandissent de tous les objets qui m'environnent. — C'est ici, où comme vous, nous aimons, ma cousine et moi, à contempler la main du créateur. Souvent après des entretiens qui naissent de ses magnifiques ouvrages , nous retombons sur l'homme qui en est le plus incompréhensible, Victoire a l'ame grande, sensible.. — Je le sais, Monsieur, elle vous en a sans , oute, fourni plus d'une preuve. — Mon Officier , vous me répondez par une ironie, mais bannissons ce style qui ne convient qu'aux personnes aigries ; je veux extirper entre Victoire et vous, un levain d'humeur qui vous rend tous deux malheureux. Je connais le secret de son cœur; elle brûle de voir disparaître toutes les difficultés qui s'opposent à votre union. Voici la principale: on lui a dit que vous teniez à beaucoup de femmes qui ont pu vous amuser un instant sans vous fixer. Elle est trop instruite de la plupart de vos avantures pour qu'il vous soit possible de les nier. Elle exige que vous en fassiez le récit sincère devant sa famille, et que vous juriez sur votre honneur que jamais vous ne renouerez avec elles aucune correspondance amoureuse... — Je le jure, mon ami, en face de la nature entière. Hâtez-vous de me procurer une entrevue avec ma Victoire ; elle n'aura rien à desirer de ma franchise et de ma parole. Me permettrez-vous de savoir à quel titre vous servez dans mon corps, et comment il se fait que né pour occuper un grade, vous soyez réduit au rôle de simple soldat. —Ceci, Monsieur, tient à des circonstances d'opinion politique. J'ai suivi la fortune de mon cousin ; son séjour m'a d'abord déterminé; et l'espoir de trouver aux îles , où votre régiment va stationner, un débouché dans le commerce , a affermi ma résolution. Nous aurons le tems en mer de lier connaissance. Adieu, demain je vous verrai. Je vais tout disposer pour le succès

succès de vos desirs. En effet le jour suivant, François fut invité à se rendre chez les parens de Victoire. Comment dépeindre le modeste embarras de cette fidelle amie ? elle n'osait permettre à ses yeux d'exprimer la satisfaction de son ame. François de son côté n'osait se livrer à la joie qui l'énivrait dans la crainte encore que de nouveaux obstacles ne vinssent détruire ses espérances de félicité. A peine avait-il eu le tems d'exprimer à sa maîtresse son vif desir de couronner sa flamme par un prompt hymen que la Générale se fit entendre. Un génie malfaisant, s'écrie-t-il avec désespoir, a présidé à ma naissance. Rien de ce que je souhaite avec ardeur, ne doit s'effectuer. Le vaisseau a reçu l'ordre sans doute de déployer ses voiles. Vous engager à me suivre avant d'avoir confirmé notre union par la solemnité du serment, c'est ce que votre famille et vous même peut-être trouveriez contraire à la règle. Cependant que peut ajouter une vaine formalité à notre mutuel attachement? La foi que je jurerais entre les mains des auteurs de vos jours et sous le magnifique dais du ciel, ne vaut-elle pas celle que recevrait un étranger entre quatre murailles? mais j'oublie que le devoir m'ordonne de rejoindre le quartier. Je cours vite apprendre la cause de cet appel, et me hâterai de vous en instruir.

Ce n'était pas assez d'avoir à souffrir de ses propres allarmes, Victoire avait à combattre les pleurs de sa famille. Elle ne pouvait se familiariser avec l'idée de s'en separer; et cependant si l'embarquement permettait de contracter son alliance avec François, il fallait se résoudre à le suivre sur le champ. Cette courageuse amie déclara qu'aucune distance, aucun événement ne sauraient jamais altérer les tendres sentimens qu'elle avait voués à ses parens, mais qu'elle se sentait entraînée irrésistiblement ; que si des nouvelles traverses l'empêchaient de s'associer à lui par un lien indissoluble, elle se résignerait aux coups du sort, et n'en resterait pas moins invinciblement unie par le desir et la pensée à son amant.

François revint bientôt; il lui apprit que son régiment avait ordre de prendre promptement la route de Berg..., sur lequel s'avançait une colonne ennemie. Il lui avait rendu un fidèle compte de ses écarts comme des autres traits qui pouvaient lui être honorables. Il exigea de Victoire qu'elle lui traça avec

la même franchise l'historique de sa
vie, depuis qu'elle l'avait subitement
abandonné dans la forêt de W... Elle
le fit en ces termes :

Le séjour de Mon... lorsque ta présence eut cessé de l'embellir, me devint
lugubre, insupportable. Ayant perdu,
peu après, le guide de ma jeunesse,
aucun lien ne m'y retenait, je me re-
tirai dans ma patrie. Ma famille y
avait éprouvé des revers qui ne me
permettaient pas d'espérer de sa
part aucune ressource. Je fus donc
réduite, non pas à la triste condition
de la servitude, mais à vivre dans la
dépendance d'autrui. L'un de mes
compatriotes, le plus riche parti de
la Hollande, m'attira dans son commerce ; et reconnaissant ma capacité à
le seconder, m'offrit sa fortune. Mon
cœur avait adopté François ; François

ne pouvait avoir de rival heureux. (*Il la serre dans ses bras avec un transport d'amour impossible à réprimer*). O mon ami ! modère la fougue qui te tourmente. Cette épreuve n'est pas la seule que j'aie eu à soutenir. Notre comptoir avait pour correspondans les plus riches négocians de l'univers; je les ai tous vus à mes genoux, ne conjurer de disposer de leurs biens et de leurs personnes. — Non, leur disais-je ; je manquerais à la probité, à la décence, en vous berçant d'espérances chimériques, que jamais je ne veux réaliser. Mon choix est décidé, je ne puis plus disposer de mon cœur. Offrez à d'autres objets libres de les recevoir, des hommages dont je ne suis pas digne. L'or n'est, à mes yeux, qu'une vile poussière ; jamais je n'apprécierai le mérite que d'après l'honneur. Je l'ai su préserver de tous les pièges qu'on m'a tendus pour me séduire ; et si la providence un jour me réunit à ce que j'aime , je n'aurai point à rougir d'une faiblesse. Voilà, mon ami, quels ont été mes principes.

J'avoue cependant que ce que la malveillance se plaisait à m'apprendre de tes déportemens, m'a plus d'une fois outrée au point de sacrifier ma liberté aux offres brillantes qui m'assiégeaient. Dans tes excursions avec ta belle Anglaise, un riche Milord parut en Hollande avec un éclat et un esprit qui tournèrent la tête à toutes les dames ; je ne fus pas exceptée du nombre des divinités auxquelles il offrit son encens. Bijoux, superbe équipage , révenus hypothéqués sur ses biens, dot considérable , si je voulais le nommer mon époux, tout fut mis en usage pour triompher de mes scrupules ; je tins ferme, et mon Milord, dévoré de Spleen, le guérit en ma présence en se brûlant la cervelle.

Cette extravagance me donna une publicité qui me força à quitter la maison de commerce, où je jouissais d'une considération égale à mon amie, la sœur du maître de la maison. L'envie de revoir la ville où j'avais contracté le premier besoin d'aimer, me saisit; c'est dans ce voyage que j'appris les succès, les revers, et permets-moi de le dire, les folies de mon amant, dans sa carrière littéraire et amoureuse. J'attendis du tems le calme d'une imagination ardente et d'un tempérament de feu? me suis-je trompée, mon ami ? ta Victoire suffira-t-elle à ton bonheur, comme ton image a suffi pour conserver sa vertu ? — En peux tu douter? La constance n'est elle pas une vertu qu'on peut inoculer comme toute autre chimère ?...

Victoire lui jettant un regard sévère, ajouta: sachez, Monsieur, que toute plaisanterie est déplacée, quand il s'agit de l'honneur. L'immoralité, qui s'affiche, mériterait d'être punie par le lois, si l'opinion publique n'était un frein suffisant pour la contenir. Malheur au peuple que ce frein n'effraie pas! — Oh! oh! de la philosophie, reprend François en éclatant de rire. C'est un mérite de plus que j'aime à rencontrer dans ma compagne, et je crois qu'une contradiction modérée dans les entretiens est l'assaissonnement d'un bon ménage. Mais j'oublie, mon amour, à t'adresser une question que la curiosité me suggère. Tu m'as parlé de tes conquêtes sur la Hollande et l'Angleterre; tu ne m'as rien dit des Français, ces êtres si sémillans, si enchanteurs et si dangereux pour le sexe? — Oh! mon ami, n'es-tu pas Français toi-même? est il possible de se détacher des chaînes qu'ils nous ont données? — -Fort bien, Victoire: mais... — Bah! puis-je compter comme un adorateur, ce Vicomte de Ch.... nul au physique, hableur au moral, mais rusé comme le serpent qui séduisit notre mère Eve? Il eût sacrifié ses 12000 fr. de rentes pour passer douze nuits dans mes bras; il le disait du moins; il le répete à toutes celles qui veuillent l'entendre. Quelques médaillons, un esclavage d'or, un diamant et autres bagatelles semblables, quelques paniers de vin, voilà tout l'effort de sa noble générosité. — Oh! mon ami, eût-il les trésors de Perou, je ne me livrerais pas à un homme qui n'a conservé de son espèce que la figure. —

Cette saillie donna à François une haute opinion de la causticité de sa future. Elle a soutenu ce caractère piquant. Unis ensemble par les liens du mariage, ils vivent heureux dans l'abondance et la considération, et reçoivent au centuple le prix de leur persévérance dans leur mutuel attachement.

Fin du Tome second et dernier.